Was ist ...

LRS-Förderung im Englischunterricht?

Verlag an der Ruhr

Impressum

Titel Was ist LRS-Förderung im Englischunterricht?

Autorin Gisela Zander

Layout Eva Schughart, www.1imSinn.de

Druck Aalexx Buchproduktion GmbH, Großburgwedel

Verlag **Verlag an der Ruhr**
Postfach 10 22 51, D–45422 Mülheim an der Ruhr
Alexanderstr. 54, D–45472 Mülheim an der Ruhr
Tel. 02 08–439 54 50, Fax 02 08–439 54 239
E-Mail: info@verlagruhr.de
www.verlagruhr.de

ISBN 978-3-86072-747-8

Die Schreibweise der Texte folgt der neuesten Fassung der Rechtschreibregeln – gültig ab August 2006.

Gedruckt auf chlorfrei gebleichtes Papier.

Inhalt

Es ist mir ein besonderes Bedürfnis,
den folgenden Menschen ganz herzlich zu danken:

— meinen Schülern, *die all meine Versuche,*
mit ihnen einen Weg zu finden, aufmerksam
und dankbar registrierten und ehrlich kommentierten
und für ihre Geduld mit mir, wenn ich wieder mal
auf der Leitung stand und ihre Schwierigkeiten nicht begriff,
— meiner Schulleitung *und meinen Kolleginnen*
– besonders aus den LRS-Klassen – die meine Arbeit
mit Interesse verfolgten und mich hilfreich
und feinfühlig unterstützten,
— Dr. James Martin *für die freundliche Durchsicht*
und Korrektur meiner Texte,
— meinem Sohn und meiner Tochter, *die mich darin*
bestärkten, ungewöhnliche Wege zu lieben
und Menschen aufgeschlossen zu begegnen,
außerdem wäre ich ohne die Sachkenntnis
und die Engelsgeduld meines Sohnes immer noch
Computer-Analphabet und die Veröffentlichung
dieses Büchleins hätte wohl kaum geklappt,
— meinen jungen Freunden *(du weißt Bescheid!),*
die fast ausnahmslos irgendwann an der Schule verzweifelt
sind und sie „geschmissen" haben – für ihren klaren Blick,
der mir für vieles die Augen geöffnet hat, und für die Offenheit,
Herzlichkeit und Achtung, die sie mir entgegenbringen
(obwohl ich Lehrerin bin – rein beruflich, versteht sich!).

Sie alle begreife ich als Mitarbeiter an diesem Buch.

Vorwort

Dieses Buch widme ich jungen Menschen, die aus verschiedenen Gründen nicht auf der Sonnenseite der Schule stehen.
Ganz besonders denen, die – nach dem Schulfach Englisch befragt – mit einem Stoßseufzer antworten. Aufgefordert, ein Stichwort dazu aufzuschreiben, würden sie vielleicht **„omgodeswiellen"** notieren. **„Chap besdümt sfirichgeiten in ehnglis"**, vertraute mir ein Schüler[1] voll Sorge in einem Briefchen an, als wir uns kennenlernten.
Um diese jungen Menschen nicht mit ihren „Proplehmen" allein zu lassen, wende ich mich an Sie, die Sie gerade dieses Büchlein in der Hand halten, und möchte Sie ermuntern, uns auf unserem Weg zu begleiten. Schüler mit Lese-Rechtschreib-Schwäche brauchen dringend unerschrockene, geduldige und verständnisvolle, doch zugleich auch fordernde und wissende Wegbegleiter. Auch weiterführende neue Ideen sind herzlich willkommen.
Während im Fach Deutsch inzwischen hervorragende Hilfen für LRS-Kinder entwickelt worden sind, stecken – so erscheint es mir zumindest – entsprechende Förderkonzepte im Fach Englisch noch weitgehend in den Kinderschuhen.

Während der letzten zehn Jahre meiner nunmehr 27-jährigen Dienstzeit als Grund- und Hauptschullehrerin hatte ich durch die Besonderheit unserer Schule die wohl einzigartige Gelegenheit, bei diesen zumeist sehr intelligenten und feinfühligen jungen Menschen die ganze Bandbreite an Teilleistungsstörungen kennenzulernen, die sich hinter dem Begriff „Lese-Rechtschreib-Schwäche" verbergen. Und zugleich fand ich immer ein offenes Ohr und Unterstützung von Experten.

Die Besonderheiten meiner Schule

Unsere Schule ist eine Grund- und Hauptschule mit Werkrealschule im Zentrum Freiburgs. Eine unserer Besonderheiten ist der Status als LRS-Schwerpunktschule. Im Grundschulbereich gibt es für die Klassen 2 bis 4 spezielle LRS-Klassen, die von Schülern besucht werden, bei denen durch Testverfahren eine

[1] Aus Gründen der besseren Lesbarkeit haben wir in diesem Buch durchgehend die männliche Form verwendet. Natürlich sind damit auch immer Frauen und Mädchen gemeint, also Lehrerinnen, Schülerinnen etc.

schwere Lese-Rechtschreib-Schwäche ermittelt wurde. Sie kommen aus Grundschulen Freiburgs und dem bis etwa 30 km entfernten Umland. Hier werden sie in kleinen Klassen mit maximal 15 Schülern von erfahrenen, speziell ausgebildeten Kollegen optimal gefördert. Etliche Schüler besuchen nach dieser Zeit die Hauptschule ihres Wohnbezirks, eine Gesamtschule, eine Realschule oder auch ein Gymnasium.
Für einige Schüler ist die Zeit einer **solchen intensiven** Förderung aber einfach zu knapp bemessen, sodass sie auf Antrag ihrer Eltern den einen „Zug" unserer Hauptschule besuchen können, in dem eine weitere LRS-Förderung im Fach Deutsch in Form von Förderkursen stattfindet. Auch in anderen Fächern wird das Problem der Lese-Rechtschreib-Schwäche berücksichtigt.
Zu ihnen gesellen sich zu Beginn der 5. Klasse LRS-Schüler aus anderen Freiburger Grundschulen, deren Lese-Rechtschreib-Schwächen zu spät erkannt wurden oder die während der Grundschulzeit an ihrer Grundschule LRS–Förderunterricht erhalten haben und auch noch weiterhin eine intensive Förderung benötigen, ohne die sie eine sehr ungewisse Lernprognose hätten. Unsere „LRS–Hauptschulklassen" haben leider (noch?) keinen Sonderstatus, sondern ganz „normale" Klassengrößen (bis 32 Schüler). Sie werden nach dem geltenden Lehrplan unterrichtet, sodass man sich als Lehrer wirklich etwas einfallen lassen muss, um zum Ziel zu gelangen, ganz besonders im Fach Englisch. So lernte ich mit der Zeit, **neue Wege** zu beschreiten, weil alle herkömmlichen nirgendwohin zu führen schienen.

Erste Begegnungen mit LRS

Als ich zum ersten Mal in meinem Englischunterricht auf LRS-Schüler traf, hatte ich nur eine sehr vage Vorstellung von dem Problem einer LRS. Von Buchstabenverdrehungen, Wortruinen und stockendem Lesen hatte ich gehört und dachte mir, dass all das in einem auf Kommunikation und Sprechfertigkeit ausgerichteten Unterricht sicher keine sehr große Rolle spielen würde.
Was die Rechtschreibung betrifft, nahm ich mir vor, großzügig zu sein und jedes erkennbare Wort zumindest als halb richtig zu werten, sofern der Sinn stimmte.
Womit ich nicht gerechnet hatte, war, dass manche Schüler

- offenbar andere Laute wahrnahmen, als ich produziert hatte (trotz intaktem Gehör),
- bei einigen neuen Lauten einfach die Stelle im Mund nicht fanden, an der sie gebildet werden,
- Minimalunterschiede in gesprochenen Wörtern auch bei deutlichster Aussprache nicht

wahrnehmen konnten (z.B. bed – bad – bet – bat – pet – pat – wet – fat – that – dead – dad). Für einige klang das alles völlig identisch, „with" und „this" hörten sich für sie wie „fif" an.

- große Mühe hatten, mehrfach deutlich vorgesprochene Wörter nachzusprechen und sich, als sie den Klang endlich erfasst hatten, bereits wenige Minuten später nicht mehr daran erinnern konnten,
- bereits am Folgetag nicht mehr die in der Schule intensiv geübten Satzpatterns wussten,
- außer bei lautgetreuen Wörtern nicht in der Lage waren, ein gesprochenes englisches Wort einem geschriebenen zuzuordnen, sodass Wortbilder ihnen auch nicht als Stütze des Gehörten dienen konnten,
- zu Hause die Vokabeln nur schriftlich üben konnten, weil sie sich nicht mehr an den Klang erinnerten – und die schriftlich geübten Vokabeln nicht mehr schreiben konnten, weil sie das Wortbild nicht mehr wussten,
- zu Hause einen in der Schule erarbeiteten Lesetext nicht allein üben konnten, weil sie keine Ahnung mehr hatten, wie die Wörter klingen sollten,
- beim Lesen in der Schule ständig in der Zeile verrutschten oder Wörter lasen, die an anderer Stelle im Text zu finden waren,
- beim Abschreiben ähnlicher Sätze die Wörter von Zeile zu Zeile bis zur Unkenntlichkeit veränderten,
- letztlich kaum eine schriftliche Aufgabe allein bewältigen konnten, auch nicht – wie ich fand – einfache Lückentexte, weil sie die Einsatzstellen nicht fanden.

Mir schien, dass eigentlich alle Kanäle, über die man eine Fremdsprache in der Schule lernen kann, „verstopft" waren, bei einigen Schülern mehr, bei anderen weniger und bei jedem Schüler an einer anderen Stelle. Und es gab auch Schüler, die trotz anerkannter LR-Schwäche kaum besondere Schwierigkeiten hatten.
Hinzu kamen **Ordnungsprobleme** in einem Maße, wie ich es nicht einmal bei Schulanfängern erlebt hatte. Hefte verschwanden, Bücher, Arbeitsblätter, selbst erstelltes Material – immer wieder musste ich beim Ordnen helfen. Hätte ich nicht immer ein gutes Verhältnis zu meinen Schülern gehabt, hätte ich annehmen können, sie wollten mich ärgern oder meinen Unterricht boykottieren. So hatte ich mir das nicht vorgestellt. Dabei wusste ich aus anderen Unterrichtsfächern und auch aus Gesprächen, dass diese Kinder nicht dumm waren. Manche verfügten über ein Wissen in Geschichte, Biologie, Erdkunde oder Mathematik, das mich staunen ließ. Ich war ratlos.

Versuch und Irrtum

Daher begann ich, mich mit dem Problem der LR-Schwäche genauer zu beschäftigen. Ich las Bücher und holte mir Rat bei meinen Kollegen aus den LRS-Grundschulklassen und versuchte, von ihnen erfolgreich eingesetzte Strategien und Methoden auf meinen Englischunterricht zu übertragen. Dabei erfuhr ich zu meiner Bestätigung und Erleichterung (man hat ja irgendwie doch immer Angst, was falsch zu machen), dass all die genannten Probleme mit zum Störungsbild „Lese-Rechtschreib-Schwäche" gehören. Schließlich wandte ich mich an die eigentlichen Experten, meine Schüler selbst. Ich lernte, bei jedem „Das kann ich nicht!" nachzuhaken, um den Grund dafür herauszufinden und einen anderen Lernzugang auszuprobieren. Dabei wurde mir deutlich, wie ungemein groß und vielseitig die Schwierigkeiten sind, mit denen meine Schüler kämpfen. ***Das Spektrum an Lernproblemen, vor allem im Bereich der akustischen und visuellen Wahrnehmung, ist weitaus gravierender und breiter, als der deutsche Begriff „Lese-Rechtschreib-Schwäche" zunächst vermuten lässt.***

Ich erkannte auch, dass jedes LRS-Kind seine individuell ausgeprägten Schwächen hat mit unterschiedlichsten Ursachen, Beeinträchtigungen, Auswirkungen und Schweregrad. Umso wichtiger ist es, den Lernstoff auf **möglichst vielen Kanälen** anzubieten, damit jeder einzelne Schüler den für sich günstigsten Zugang auswählen kann. Sehr hilfreich fand ich auch, zu hören, welche enormen Entwicklungsschritte meine Schüler durch die intensive Betreuung in unseren LRS-Grundschulklassen bereits schon hinter sich hatten. Das machte mir Mut und half mir, Geduld für die weiteren Schritte aufzubringen. Durch jeden neuen Schüler erfuhr ich Neues, und mein Weg ist sicher noch nicht abgeschlossen.

Ich will allerdings auch nicht verschweigen, dass der Umgang mit diesen jungen Menschen viel Feingefühl, mitunter aber auch ein dickes Fell erfordert. Manche von ihnen sind auf Grund ihrer bisherigen Schulerfahrungen bitter enttäuscht, sehen ihre Zukunftsträume zerplatzen, sind wütend auf ihr Problem, sich selbst und die Schule ganz allgemein. Viele schämen sich unendlich, manche überspielen ihre Gefühle durch aggressives Verhalten oder indem sie den Klassenclown spielen. Hinter die Fassade zu gucken und dazu beizutragen, dass manche unangenehmen Verhaltensweisen mit der Zeit überflüssig werden, empfinde ich als eine **große pädagogische Herausforderung.** Dies alles mit meinem Lieblingsschulfach Englisch zu verbinden, macht mir immer noch Freude.

LRS im Englischunterricht

Was ist LRS im Englischunterricht?

Manchmal bin ich fasziniert von Buchtiteln.
„This book doesn't make ~~sens cens sns scens~~ sense" las ich in einer Literaturliste zum Thema LRS in Fremdsprachen. Da ich seit fast zehn Jahren Schüler mit schweren Lese-Rechtschreib-Problemen in Englisch unterrichte, was meine Fantasie täglich aufs Neue beflügelt, fallen mir sofort weitere Schreibweisen des Wortes „sense" ein, sogar solche, die durchaus „Sinn machen". Macht das Buch keine „cents"? – Hoffentlich doch! Oder „scents"? – Na ja, wer weiß. Und keinen „sense" ? Aber sicher!
Gut. Woher weiß ich nun mit solcher Sicherheit, dass nur „sense" als Schreibweise in Frage kommt? Ganz einfach: Ich habe irgendwann in meinem Leben **gelernt,** dass „sense" „Sinn" heißt – und nur das macht in diesem Buchtitel Sinn –, habe also die Schreibweise und die Bedeutung des englischen Wortes „sense" eindeutig und unverrückbar mit dem deutschen Wort „Sinn" verknüpft. Bei den Wörtern „cents" und „scents" erging es mir genauso. Es scheint mir, als seien die drei identisch ausgesprochenen englischen Wörter in drei fein säuberlich voneinander getrennte **Schubladen in meinem Gehirn** einsortiert. Und im Zusammenhang des Buchtitels öffnete sich nur eine, die einzig sinnvolle. Wäre ich nun – soll ja mal vorkommen – plötzlich im Zweifel, wie das Wort „sense" korrekt geschrieben wird, könnte ich im Wörterbuch nachschlagen. Sens, cens, sns, scens: Diese Schreibweisen gibt es nicht, das weiß ich einfach. Warum, weiß ich allerdings nicht. „Cents" oder „scents" passen nicht in den **Sinnzusammenhang** und scheiden daher aus.
Wie auch immer, beim Hören des Wortes „sense" ohne jeden Zusammenhang bietet mir mein Gehirn spontan drei Schreibmöglichkeiten an, die ich im Wörterbuch hinsichtlich ihres Sinns überprüfen kann. Das ist zu schaffen. Was ist aber, wenn mir mein Gehirn keine Wortbilder liefert? Wenn ich, in mühevoller Kleinarbeit, Buchstabe

für Buchstabe aneinanderreihen muss in dem verzweifelten Versuch, das gehörte Wort irgendwie abzubilden und dann im Wörterbuch zu suchen? Was ist, wenn ich zehn oder noch mehr Varianten zu finden glaube? Schlage ich dann auch noch nach? Oder gebe ich auf mit dem Gefühl, hier einem Problem zu begegnen, dessen Lösung mir einfach zu mühevoll ist, für dessen Lösung mein Verstand nicht ausreicht? Oder werde ich wütend, denke: „Ist mir doch egal – das soll rausfinden, wer will. Ich jedenfalls nicht. Und ich will es auch gar nicht mehr wissen!"?
Wie meine Antwort ausfällt, hängt von **vielen Vorerfahrungen** ab. Je nachdem, wie viele Erfolgs- oder Misserfolgserlebnisse ich in ähnlichen Situationen bereits hatte, und auch abhängig von meiner Motivation werde ich weitermachen oder aufgeben.

Typische Symptome

Stellen Sie sich nun vor, Sie stünden bei jedem zu schreibenden englischen Wort vor genau diesem Problem. Vielleicht können Sie dann die verzweifelte Lage eines LRS-Schülers (der ja weiß, wie wichtig eine Schulnote für ihn sein kann) beim Erlernen der englischen Sprache ein wenig nachfühlen.
Dabei ist das genannte Problem ja nur eines unter vielen. **Die deutsch-englische Bedeutung muss zugeordnet werden,** ebenso **die Schreibweise und die englische Wortbedeutung.** Und schließlich begegnet man ständig Wörtern, die völlig anders geschrieben werden, als man sie spricht (z.B. laughter). Möglicherweise tauchen auch **Schwierigkeiten** auf, **ein gehörtes Wort korrekt aufzunehmen und/oder zu speichern.** Oder es wird richtig gehört, kann aber **nicht richtig wiedergegeben** werden. Vielleicht findet man auch im Mund nicht die richtige Stelle, um **den gewünschten Laut zu produzieren** (z.B. th oder w). Die Wortstellung im englischen Satz kann ganz anders sein als gewohnt, merkwürdige Ausdrücke tauchen auf (z.B.: „Ich bin schreibend auf die Tafel."), und außerdem gehen englische Schüler offenbar „zu Schule bei Zug" oder sind „im Morgen am 8 Uhr auf dem Bus"????
Fast zehn Jahre Englischunterricht mit LRS-Kindern hieß für mich zunächst fünf Jahre lang eine Bauchlandung nach der anderen. Obwohl ich meinen Unterricht sorgfältig vorbereitete, mit Stapeln von neuen und alten Lehrerhandbüchern auf meinem Schreibtisch, und als erfahrene Grundschullehrerin über ein reiches Repertoire an übertragbaren Spielen und Freiarbeitsmaterialien verfügte samt zig englischer Songs im Kopf, klappte zunächst fast gar nichts.
Ich verstand das einfach nicht!
Das Schöne an jungen Menschen

ist, dass sie einem – eine Atmosphäre des Vertrauens vorausgesetzt – **sehr ehrlich, klar und deutlich Rückmeldung** über das **geben,** was gerade in ihnen vorgeht. Von den Gefühlen und Verhaltensweisen meiner Schüler habe ich mich an die Hand nehmen lassen und lernte mit ihrer Hilfe, neue Wege zu suchen, sozusagen nach dem **„Trial-and-error-Prinzip".** Gutes und ruhiges Arbeiten: Bingo! Unruhe, Unlust: Kein guter Weg, offenbar hatte ich doch wieder etwas übersehen oder falsch eingeschätzt. Dann habe ich nachgefragt, um herauszufinden, was es gewesen sein könnte. Diese Gespräche taten uns allen gut. Jeder wusste sich ernstgenommen und als Mitarbeiter an dem gemeinsamen Ziel **„Spaß am Englischlernen"** respektiert.
Neue Wege zu suchen ist spannend. Gute zu finden macht Freude. Sie mit neugierigen, lebensfrohen jungen Menschen zu gehen noch mehr. Dies soll weiterhin meine Richtschnur sein.

Neue Weg im Englischunterricht

Aus dem Gesagten wird ersichtlich, dass ich Praktiker bin. Sicher ist es hilfreich, sich theoretisch fit zu machen (s. Literaturhinweise am Schluss), vor allem, wenn man zum ersten Mal mit Lese-Rechtschreib-Schwäche konfrontiert wird. Vieles, was man anfangs nicht versteht oder annehmen mag, wird dadurch einsichtiger.
Mein Ansatzpunkt ist jedoch anders und – wie ich denke – umfassender: Vor mir steht ein junger Mensch, der lernen möchte, und ich bin ihm als Lernbegleiter und -berater zur Seite. Was liegt näher, als ihn zu fragen, wie er 's denn gerne hätte, und mich gemeinsam mit ihm auf die Suche nach für ihn gut gehbaren Lernwegen zu machen? Das unbedingte Ernstnehmen jedes Schülers, das Annehmen dieser jungen Persönlichkeit mit allen Stärken und Schwächen, allen angenehmen und mitunter durchaus sehr unbequemen Seiten ist für mich Dreh- und Angelpunkt und grundsätzliche Einstellung.
Vor mir steht ein junger Mensch, der lernen will, und wenn er es nach eigener Aussage nicht will, ist es wichtig, herauszufinden, warum nicht. ***Meist liegt nach wenigen Worten auf der Hand, dass ein „Ich will nicht" fast immer bedeutet „Ich kann so nicht".***
So nicht. Wie denn dann?
Eine spannende Suche nimmt ihren Anfang. Wie kann man als Lehrer seine Schüler darin unterstützen, das Lernen zu lernen?
Aus meiner Sicht ist alles erlaubt, was Spaß macht. Spaß macht, was einem gelingt. **Freude und sichtbarer Lernerfolg gehören untrennbar zusammen.** Aus diesem Grunde enthalten die meisten meiner

Arbeitsmaterialien[1] eine Eigenkontrolle. Falls nicht, liegt ein Kontrollblatt im Klassenzimmer aus. Alle meine Vorschläge sind aus der Praxis entstanden und **in der Praxis überprüft.** Sie sind parallel zu jedem englischen Unterrichtswerk einsetzbar, die meisten gleichermaßen in Groß- oder Kleingruppen, einiges eignet sich nur für Kleingruppen oder zum Einzeltraining. Sie sind als Ergänzung zum gängigen Englischlehrgang gedacht, speziell zur Unterstützung von LRS-Kindern, werden aber auch von andern Schülern gern, oft dankbar, angenommen. Betrachten Sie das Arbeitsmaterial einfach als **„Speisekarte".** Ihre Aufgabe als Lernberater ist es, gemeinsam mit Ihren Schülern das herauszusuchen, was gut bekommt und schmeckt. Mitunter kann es besser sein, die „Menüfolge" vorzugeben (Nimm erst das, dann das!), andere Schüler kommen gut damit zurecht, selbst auszuwählen. Führen Sie die Schüler sorgfältig in die neue Arbeitsweise ein, bieten Sie lieber nicht zu viel auf einmal an. Gute Speiserestaurants tun das auch nicht. Verändern Sie das Material, schneiden Sie es auf Ihre Schüler zu, die vielleicht mit anderen Vokabeln arbeiten. Meine Ideen sind nur als Grundlage gedacht – würzen Sie sie nach dem Geschmack Ihrer Schüler.

"Time is on your side – your teacher, too"

Diese Aussage fasst exakt meine Erfahrungen zusammen und bestimmt zugleich meinen weiteren Kurs. Die Zeit arbeitet tatsächlich für unsere LRS-geplagten Schüler – qualifizierte und gezielte Förderung vorausgesetzt. Viele sind in der Lage, bei einem **„Mehr an Übungszeit"** letztlich vergleichbare Leistungen zu zeigen wie ihre Mitschüler. Mitunter wachsen sie auch mit der Zeit aus ihren Lernproblemen heraus. Geduldige, Mut machende, verlässliche Begleitpersonen an seiner Seite zu wissen, tut gut, vor allem dann, wenn man an sich selbst verzweifeln möchte.

Leider steht so ein „Mehr an Übungszeit" jedoch nicht so ohne weiteres zur Verfügung. Also gilt es zunächst einmal, **den gegebenen Zeitrahmen optimal zu nutzen.** Zuvor ist es aber unabdingbar, die Stellen zu kennen, an denen sich erfahrungsgemäß die größten und häufigsten Stolpersteine auftürmen, um hier von vorneherein ausreichend Übungszeit einzuplanen. Zu Beginn sind dies aus meiner Erfahrung:

- Laut-/Buchstabenbeziehungen im Englischen herauszuarbeiten
- das Vokabellernen lernen

Im weiteren Verlauf kommen hinzu:

- die Pronomen
- der Gebrauch der Präpositionen
- und schließlich der Gebrauch der Verben

[1] **Besser Englisch lernen trotz Lese-Rechtschreib-Schwäche,** Verlag an der Ruhr 2002

Nach meiner Beobachtung sind viele LRS-Schüler außerordentlich **kreativ, fantasievoll, aufgeweckt und hochsensibel.** Es scheint, als seien alle ihre Antennen ständig auf Empfang gestellt. Ein Geruchsfetzen, ein winziges Geräusch, ein Wetterumschwung, ein umgestellter Tisch, eine Fliege am Fenster, eine kleine Änderung der Mimik oder Tonlage – alles wird sofort registriert und auf das meiste auch gleich reagiert – meinen Schülern entgeht eigentlich gar nichts. Sehr wache Schüler also. Dieser Reichtum erweist sich jedoch leider für das schulische Lernen in Großgruppen als eher hinderlich, weil ein „Sich-Konzentrieren" auf eine Sache voraussetzt, dass anderes ausgeblendet werden kann. Gerade dies will vielen einfach nicht gelingen, jedenfalls nicht ohne weiteres und oft nicht ohne Hilfe. Ich habe mich auch schon oft gefragt, ob diese Fülle an Informationen, die meine Schüler offenbar als gleichwertig unentwegt wahrnehmen, nicht dazu führt, dass ihr **Kurzzeitgedächtnis häufiger und gründlicher geleert werden muss** als bei anderen Menschen – wie eine volle Wandtafel etwa. Hängt die so oft beklagte und in der Tat auffallende Speicherschwäche auch hiermit zusammen?

Wie auch immer, es gilt, dieser Besonderheit Rechnung zu tragen. **Vokabeln, Satzpatterns, grammatische Strukturen müssen im Langzeitgedächtnis verankert werden,** und dazu ist es unabdingbar, oft regelmäßig und individuell zu üben und dabei möglichst viele Lernkanäle einzubeziehen. Das eigene Tun ist entscheidend.

Gut geeignet: Freiarbeit

All das spricht dafür, Übungszeit in Form von freien Arbeitsstunden einen breiten Raum zu lassen, frei, weil der Übungsschwerpunkt und das Übungsmaterial von jedem Schüler frei ausgewählt werden kann (Beratung auf Wunsch). Viele unserer Schüler sind **auffallend motorisch unruhig,** eigentlich ständig in Bewegung. Die meisten der hier vorgestellten Arbeitsmittel beschäftigen auch die Hände – und dies nicht nur zum Schreiben –, was vielen Schülern sehr entgegenkommt. Man muss nicht still am Tisch sitzen, kann sich eine bequeme Körperhaltung suchen, darf sich bewegen. In einem einzigen Klassenraum ist dies schwer durchführbar. An meiner Schule ist es möglich, sich allein oder in kleinen Arbeitsgruppen ein ruhiges Plätzchen im Flur zu suchen, wo ich ab und zu nach ihnen schaue. Einzelarbeiter bevorzugen meist das Klassenzimmer.

Ob man die freien Arbeitsstunden fächerübergreifend, thematisch oder fachspezifisch gestalten möchte, ist Ermessenssache.

Ich selbst bevorzuge fachspezifische, weil ich so das angebotene Material genauer auf die jeweiligen Lerninhalte abstimmen, einfach aktueller sein kann. Es ist aber auch immer möglich, fachübergreifend zu arbeiten. Entscheidend für ein gutes Gelingen der freien Arbeitsstunden sind aus meiner Sicht:

1. Die jeweiligen Arbeitsweisen müssen sorgfältig erklärt, eingeübt und auch eingehalten werden.
2. Die Aufgabenstellung muss klar und eindeutig und entweder auf dem jeweiligen Material – zum Nachlesen – vermerkt sein oder dem Material beiliegen.
3. Da jeder Schüler letztlich selbst herausfinden muss, wie er am besten üben oder Neues erarbeiten kann, sollte das Angebot breit sein. Allerdings sollte man anfangs nur wenig Verschiedenes anbieten und das Angebot nach und nach erweitern, z.B. zu Beginn jeder zweiten Freiarbeitsstunde jeweils ein neues Spiel oder Lernsystem.
4. Erarbeitetes kann und soll selbstständig auf Richtigkeit überprüft und korrigiert werden. Auch dazu braucht es zunächst Anleitung.
5. Auf einem Protokollblatt wird notiert, was man gearbeitet hat und wie man selbst die eigene Arbeit beurteilt. Gut durchführbar ist dies mit farbigen Punkten:
   grün: *hat gut geklappt*
   gelb: *war schwer; wiederholen*
   rot: *nicht mein Ding/ lieber anders üben*
6. Grundsätzlich gilt: Angefangenes sollte beendet werden, ein Abbruch ist nur nach Rücksprache mit mir möglich.

Beim Erarbeiten neuer Sachverhalte ist es für Sie als Lehrer – besonders im Umgang mit LRS-Schülern und wenn Sie selbst kein solches Problem hatten – unabdingbar, **einen klaren Blick für die jeweils innewohnenden Schwierigkeiten zu erwerben,** um daraus folgend die einzelnen Lernschritte sorgfältig aufzubauen. Als „Könner" übersieht man sie leicht.

Meine wichtigsten Tipps sind daher:

- Nehmen Sie in der Planung die Rolle des staunenden Anfängers ein,
- setzen Sie nichts als selbstverständlich voraus,
- beobachten Sie Ihre Schüler,
- nehmen Sie ihre Fragen ernst.

Vokabellernen

Ganz entscheidend erscheint mir hierbei **die Klarheit des ersten Eindrucks.** Hier bestehe ich auf absoluter Ruhe und arbeite frontal. Meine Schüler erhalten ein Vokabelblatt mit 14 innerhalb einer Woche zu lernenden Vokabeln in Englisch und Deutsch, ab Klasse 6 sind es 20 pro Woche (14 neue und sechs Wiederholungen). Da ich an einer Schwerpunktschule für Lese-Rechtschreib-Schwäche arbeite, führe ich meine Schüler erst gegen Ende der 7. Klasse an die Arbeit mit dem Vokabelverzeichnis des Schulbuchs heran, denn **mit der Fülle an Informationen auf diesen Seiten kommen viele nicht gut zurecht** (dick/dünn/kursiv gedruckte Wörter, englische Lautschrift, Satzpatterns, Übungsmöglichkeiten, Zusammenfassungen usw.). Für Sie als Lehrer gibt es dort oft hervorragende Ideen, die Sie einzeln aufgreifen können. Ein LRS-Schüler ist hiermit oft überfordert. Wir hören und schauen uns jedes englische Wort erst mal genau an und überlegen gemeinsam, wie man sich die Bedeutung merken kann. Vielleicht klingt es ähnlich wie im Deutschen, wird aber anders geschrieben. Oder es wird genauso geschrieben, nur anders gesprochen. Möglicherweise fallen Ihren Schülern spontan Assoziationen ein. Bildwörter können eine gute Hilfe sein. Kommt das Wort gerade in einem beliebten Song vor oder in einem Werbespot, oder kennt es jemand vom Computer? **Nutzen Sie die Ressourcen Ihrer Schüler!** Dann heben wir einige Rechtschreibbesonderheiten der englischen Wörter hervor. Lange Wörter, bei denen das gut möglich ist, versehen wir mit Schwungbögen (z.B. dis cri mi na tion). Bei Wörtern mit schwieriger Aussprache nehme ich mir die Freiheit, sie in eckigen Klammern und handschriftlich so aufzuschreiben, wie man sie ausspricht. Es ist mir wichtig, dass jeder Schüler die Vokabeln auch zu Hause beim Üben noch richtig aussprechen kann. Ich möchte aber betonen, dass ich solche Aussprachehilfen auf wenige Wörter beschränke, weil mir die Verwechslungsgefahr zwischen dem Schriftbild des englischen Wortes mit dem in der Lautschrift geschriebenen zu groß erscheint, selbst bei Verwendung unterschiedlicher Schrifttypen. Für sinnvoller halte ich, einen – im Vergleich zum gesprochenen – ungewöhnlich geschriebenen Laut im Wort einzukreisen und nur diesen Laut in eckigen Klammern als Aussprachehilfe anzugeben.

z.B. b**eau**tiful [ju]
en**ough** [af]
sta**tion** [schn]

Für sehr wichtig halte ich auch, **diese „selbstgestrickte" Lautschrift nicht nach den Regeln der deutschen Rechtschreibung** zu **gestal-**

ten (also keinesfalls Mitlautverdopplung, Dehnungs-H oder Ähnliches verwenden!). Es reicht, die lang gesprochenen Vokale durch den in der internationalen Lautschrift üblichen Doppelpunkt zu kennzeichnen. Alle anderen sind kurz.
Viele Schüler kommen übrigens beim Vokabellernen am besten mit einem Dreierschritt klar:

1. **Schritt:** lautgetreues Lesen des englischen Wortes, z.B. be-au-ti-ful
2. **Schritt:** englische Aussprache
3. **Schritt:** deutsche Bedeutung.

Manche Schüler arbeiten hervorragend mit einer 5-Fächer-Lernkartei.

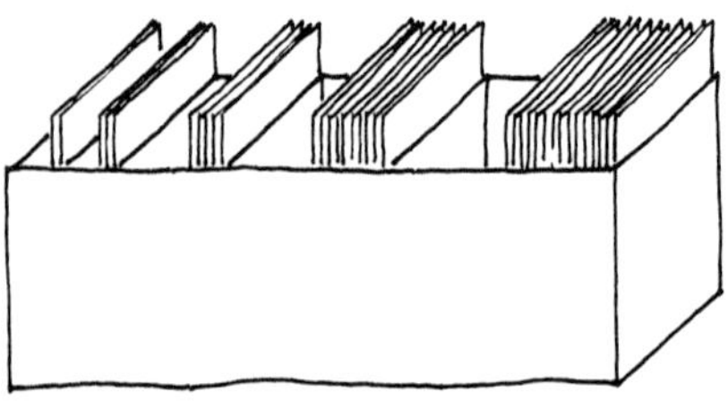

Einige Schulbücher bieten sie parallel zum Unterrichtswerk an. Eine gute Idee – für LRS-Schüler enthalten die Kärtchen allerdings nach meiner Erfahrung zu viele Informationen auf einmal. Für sie ist es besser, die Kärtchen selbst zu beschriften oder das Vokabelblatt zu zerschneiden und aufzukleben.

Geeignetes Freiarbeitsmaterial:

→ **Memories** eignen sich bestens zum Üben der Wortbedeutungs-Zuordnung. Gut ist, die Kärtchen zweifarbig zu gestalten (z.B. grün für Englisch, blau für Deutsch).

→ Besonders zu Beginn und später zum Erfassen der Schreibweise schwieriger englischer Wörter empfiehlt sich das Anlegen so genannter **„Sensation Cards" („Fühl-Kartei")**, auf der die einzelnen Buchstaben durch Plusterfarbe ertastbar werden. Diese Kartei steht im Klassenraum für alle zur Verfügung.

→ **Bildpuzzles** machen Spaß und sind leicht selbst herstellbar. Wenn dabei ein bisschen gemogelt und mehr gepuzzelt als zugeordnet wird, ist das nicht so schlimm, denn am Ende steht ja die Aufgabe, die Wörter in Englisch und Deutsch aufzuschreiben. Eine meiner Schülerinnen hatte daraufhin die tolle Idee, die Bildteile nur an einer Seite festzukleben, sodass man die Bildpuzzles auch weiter zum Üben und Nachschlagen benutzen kann.

→ **„Hidden Words" (Wörtersuchsel)**, am besten nach Rechtschreibbesonderheit geordnet, sind immer wieder

der große Renner und schulen ungemein, da die Wörter in einzelne Großbuchstaben zerlegt und in ungewohnter Schreibrichtung viel deutlicher zu Tage treten.

→ Für die Arbeit in Kleingruppen eignet sich „Spider" hervorragend. Es macht Schülern einfach Spaß. Sie als Lehrer haben die Möglichkeit, Schwerpunkte zu setzen, indem Sie mal nur zu wiederholende Vokabeln, mal nur Verben oder Substantive, Personalformen oder Pronomen anbieten, ein anderes Mal Wörter aus dem Rechtschreibkurs oder Vokabelsammlungen zu bestimmten Themen. Oder Ihre Schüler wählen selbst das aus, was sie gerade trainieren wollen – in Absprache mit den Mitspielern, versteht sich. Gewürfelt wird reihum, das oberste Kärtchen muss übersetzt oder aufgeschrieben werden (Kontrolle auf der Rückseite). Nicht gewusste Vokabeln werden nachgeschaut und wandern wieder unter den Stapel, gewusste werden behalten.

→ Einige Schüler arbeiten gern und gut mit der **Lernscheibe**, die auch bequem in die Hosentasche passt. Andere fühlen sich durch das ständige Herumdrehen bei der Kontrolle verwirrt. Einfach ausprobieren!

Ich unterrichte auch Schüler – hochintelligente junge Menschen übrigens –, die sich allen Hilfen und Strategien zum Trotz die Aussprache englischer Wörter einfach nicht merken können. Eine **Hörkassette** kann helfen, auf die man die zu lernenden Vokabeln in der gleichen Reihenfolge wie auf dem Vokabelblatt aufspricht. Die aktuellen Lesetexte kann man gut dazunehmen. Satzweise vorlesen und Pausen zum Nachsprechen lassen. Diese Schüler bekommen dadurch eine Chance, Englisch wenigstens mündlich zu bewältigen. Der Aufwand für Sie als Lehrer ist zunächst recht groß. Gute Planung ist notwendig und ein paar Stunden Zeit für die Aufnahme. Aber die Kassette ist ja kopierbar, kann mehreren Kindern helfen und ist in jedem Jahr wieder verwendbar.
Einige meiner Schüler erhalten einen **Extra-Übeplan** mit genauer Anweisung, in welcher Reihenfolge sie welche Wörter an welchem Tag üben sollen. Anders klappt es einfach nicht! Hier ist der Aufwand minimal, den Schülern hilft es sehr.

Systematisches Lernen ist für alle Schüler wichtig, für LRS-Schüler aber nahezu unerlässlich. Als Hilfsangebot für das Vokabellernen zu Hause habe ich das folgende **„Fünf-Minuten-Vokabeltraining-Merkblatt"** entwickelt:

Fünf-Minuten-Vokabeltraining:

So wichtig wie Zähneputzen!

1. **Tag:** Lies alle neuen Wörter zweimal laut vor (englisch + deutsch)!
   Wähle **zwei** Wörter aus und übe sie zu schreiben!
   (Nimm die schwierigsten zuerst!)
2. **Tag:** Lies alle Vokabeln zweimal laut vor (englisch + deutsch)!
   Wiederhole die beiden Wörter von gestern (schriftlich)!
   Wähle **zwei** neue Wörter aus und übe sie!
3. **Tag:** Lies alle Vokabeln einmal laut vor (englisch + deutsch)!
   Wiederhole die **vier** bisher gelernten Wörter und übe sie schriftlich!
   Wähle **zwei** neue Wörter aus und übe sie!

Arbeite nun jeden Tag so weiter, am Ende der Woche kannst du sicher alle.

Tipps:

- Wörter, die du dir schlecht merken kannst, schreibe dir auf kleine Zettel.
  Lege die Zettel dorthin, wo du oft hinschaust, oder hänge sie auf!
- Oder: Arbeite mit einer Fünf-Fächer-Lernkartei jeden Tag fünf Minuten!
- Nur Wörter, die du **täglich** übst, finden den Weg ins Langzeitgedächtnis.

Wie vielfältig das ist, was beim Lernen bewältigt werden muss, möchte ich anhand einer Lerneinheit gleich zu Beginn der 5. Klasse erläutern. Ziel sei es, unsere Schüler zur Kenntnis und zum Gebrauch der englischen Zahlwörter bis 12 zu befähigen. Sie sollen in die Lage versetzt werden, englische und deutsche Zahlwörter einander verbal und schriftlich zuzuordnen. Kann doch nicht so schwer sein, denken Sie vielleicht. Doch, es kann. Denn diese Wörter einander zuzuordnen, bedeutet:

a) das deutsche Zahlwort zu erfassen, hören, lesen,
b) den Klang des englischen Wortes aufzunehmen, ihn nachzubilden, sich daran zu erinnern,
c) die Wortgestalt und den Klang des englischen Wortes einander zuzuordnen,
d) die deutsche Bedeutung und die englische Bedeutung akustisch und visuell einander zuzuordnen.

Besonders in den ersten Stunden sollte hier äußerst sorgfältig gearbeitet werden.

Viele Schüler „kennen" bereits die englischen Zahlwörter bis zehn oder sogar weiter, was heißt, dass sie sie nacheinander aufzählen können, aber noch lange nicht, dass sie **die Bedeutung der englischen Zahlwörter** beherrschen. Beobachtet man Schüler höherer Klassen (selbst bis weit in die siebte hinein) beim Bilden englischer Zahlwörter, etwa 345, wird man feststellen, dass viele zunächst zur Ermittlung der Hunderter/Zehner/Einer bei eins beginnen und aufwärts zählen (one, two, three hundred ...). Dem Zählen vorwärts kann das Zählen rückwärts folgen, das Nennen der geraden Zahlen und der ungeraden. Kleine Rechenaufgaben können folgen. Damit ist eine gewisse **akustische Grundlage** geschaffen.

Ich halte es an diesem Punkt für wichtig, eine Möglichkeit zu finden, sie **optisch**, also **durch Wortbilder**, zu stützen.
Zwischen der englischen und der deutschen Sprache besteht eine Wortverwandtschaft, die sich gerade bei den Zahlwörtern deutlich zeigen lässt. Bei manchen fällt sie gleich auf, vor allem akustisch (six/sechs, ten/zehn ...), bei anderen nicht so schnell. Bei genauer Betrachtung stellt man aber fest, dass **jedes deutsche Zahlwort irgendeine Gemeinsamkeit mit dem englischen Zahlwort enthält.** Diese Gemeinsamkeiten heben wir optisch hervor.

Wir vergleichen – we compare:

one	eins	______
two	**zw**ei	______
three	**dr**ei	______
fo**u**r	vi**e**r	______
fi**v**e	**f**ün**f**	______
six	**sechs**	______
seven	**sieben**	______
ei**ght**	**acht**	______
nine	**neun**	______
ten	**zehn**	______
eleven	**elf**	______
twelve	**zw**ölf	______

Schreibe das englische Zahlwort auf!

Verbinde (link!)

one	drei
two	sechs
three	vier
four	eins
five	zwei
six	fünf
seven	zehn
eight	zwölf
nine	elf
ten	sieben
eleven	neun
twelve	acht

Schreibe das englische Zahlwort auf!

Es ist immer wieder schön, zu erleben, wie sich die zunächst sorgenvoll-ängstlichen Mienen meiner „Beginners" (Oh je, wie soll ich mir das merken?) über Staunen (Äh – die Wörter sehen irgendwie ähnlich aus!) in Freude und Erleichterung verwandeln (Toll! Manchmal sind nur ein oder zwei Buchstaben anders – ist ja leicht!).
Solcherart vorbereitet gelingt auch einem LRS-Schüler eine Zuordnung der englisch-deutschen Wortbilder sowie die Zuordnung von Ziffern und englischen Zahlwörtern.

Nun ist Zeit für individuelles Arbeiten und spielerisches Üben, z.B.

- → Arbeitsblätter zur Auswahl
- → Memories:
  - a) Ziffern/englische Zahlwörter
  - b) deutsche/englische Zahlwörter
  - c) Dreiermemory: Ziffern/englische/deutsche Zahlwörter
- → Domino: Ziffern/englische Zahlwörter
- → in Englisch aufgeschriebene Telefonnummern austauschen
- → Zahlendiktat per Walkman:
  - a) Ziffern aufschreiben
  - b) Zahlwörter aufschreiben
- → englische Zahlwörter drucken oder mit der Schreibmaschine aufschreiben
- → einander Zahlen oder Rechenaufgaben an der Tafel diktieren
- → …

Das Ganze lässt sich natürlich auch als Lernstation gestalten.

Den Schüler mit all seinen Eigenheiten ernst zu nehmen, ist oberstes Gebot. Werfen Sie alle vorschnellen Wertungen (… ist nur zu faul/dumm/nachlässig/aufsässig etc.) über Bord! Vertraut Ihnen ein Schüler an, dass er es einfach nicht schafft, sich nachmittags an den Schreibtisch zu setzen, um seine

Vokabeln zu lernen, dann versuchen Sie gemeinsam folgende Fragen zu beantworten:

- Nimmt er sich vielleicht zu viele Wörter auf einmal vor?
- Hat er überhaupt zu Hause gute Bedingungen zum Lernen?
- Ist es vielleicht sinnvoller, die Vokabeln auf Kärtchen zu schreiben – z.B. jeden Tag zwei Stück – und dort aufzuhängen, wo er oft hinschaut, oder in der Hosentasche zu tragen?

Manche Kinder können gut auf dem Schulweg, im Zug oder Bus, lernen. Man kann sich Vokabeln sogar auf die Hand schreiben – na ja, vor einem Test lieber nicht. Alles, was hilft, ist erlaubt. Und machen Sie Ihren Schülern immer wieder Mut! Überlegen Sie mal mit ihnen, wie lange sie gebraucht haben, um überhaupt sprechen zu lernen, und helfen Sie ihnen, ihre Ungeduld beim Englischlernen zu zügeln.

Es ist vielleicht noch wichtig, zu erwähnen, dass ich es vermeide, Fragen nach bereits gelernten Vokabeln direkt zu beantworten. Entweder gebe ich kleine Erinnerungshilfen oder ich verweise auf die englisch/deutsche bzw. die deutsch/englische Wörterliste im Buchanhang (ab Klasse 8 auf das Wörterbuch). **Ich übe mit meinen Schülern das Nachschlagen von Wörtern** genauso sorgfältig wie das Arbeiten mit dem Wörterbuch im Englischunterricht. Wird ein englisches Wort vom Klang her gewusst, stellt sich die Frage, wie man es wohl schreiben könnte und wo man folglich nachschlagen muss. Vorschläge zu sammeln ist gut, den Schülern hier die Arbeit abzunehmen, nicht. Vielleicht muss man Einzelnen anfangs beim Suchen helfen, viel mehr sollte man aber auch nicht tun.

Lernkontrollen bei Vokabeln:

Am Ende jeder Woche steht ein Vokabeltest. Das hört sich schlimmer an, als es ist. Bitte bedenken Sie aber, dass auch das für Ihre Schüler zu Beginn der 5. Klasse völlig neu ist (Horrorvorstellung: Jede Woche ein Test!!!) und führen Sie sie schrittweise heran.
Unter den Bedingungen einer Klasse mit 27 Schülern, davon 24 zum Teil stark lese-rechtschreibschwach, arbeite ich mit allen Schülern wie folgt. Sind unter Ihren Schützlingen nur zwei oder drei LRS-Kinder, können diese ja eine andere Testform bekommen als die, die Sie gewöhnlich verlangen. In einem **offenen Gespräch mit der Klasse** kann man das durchaus so erklären, dass es akzeptiert wird, ohne jemanden bloßzustellen. Besteht ein anderer Schüler darauf, auch „so ein leichtes Blatt" zu bekommen,

können Sie diesem Wunsch durchaus nachkommen. Fühlt er sich dann unterfordert, wird er es Sie schnell wissen lassen, wenn nicht, kann es für Sie sehr aufschlussreich sein.
Im ersten Halbjahr der 5. Klasse bestehen unsere Vokabeltests nur aus **englisch-deutschen Zuordnungen.** Selbst das kann einem LRS-Schüler Schwierigkeiten bereiten. Unterschiedliche Farbstifte oder kleine Zeichen können helfen. Zumeist werden die Zahlen vor den englischen Wörtern den deutschen zugeordnet. Im zweiten Halbjahr wird nur noch **die Hälfte der Vokabeln zugeordnet, die andere auf Englisch aufgeschrieben.** Dabei bleibe ich bei der einmal gewählten Form, die englischen Wörter immer links aufzuschreiben – für ein LRS-Kind kann allein das entscheidend sein für Erfolg oder Misserfolg. Alle Wörter, deren Schreibweise erlernt werden muss, kennzeichne ich auf dem Vokabelblatt mit ✳. Dabei beschränke ich mich zunächst auf leicht zu schreibende Wörter und steigere langsam den Schwierigkeitsgrad. Da es mir vor allem darauf ankommt, zu vermitteln, **dass Üben Erfolg bringt und sich lohnt,** nehme ich in den wöchentlichen Vokabeltests auch nur die geübten „dran". Vokabelwiederholungen kann ich auch außerhalb von Testsituationen vornehmen. Oder ich bereite meine Schüler darauf vor, indem ich ihnen auftrage, z.B. alle ✳-Wörter von Blatt 22 und 23 zu wiederholen, von denen ich dann auswähle.
In der Bewertung der Tests zähle ich **nur die Anzahl der richtig gewussten Wörter** – die Fehler mag sich der ausrechnen, der das wissen will. Für Sie als Lehrer kann allerdings die Art der Fehler ein Hinweis auf noch vorhandene Lücken sein.
Einigen meiner Schüler macht es Spaß, mir zu zeigen, dass sie auch schon die schwierigeren Wörter auswendig schreiben können. Sie schreiben sie dann auf die Rückseite des Testblatts oder bitten darum, den Test in anderer Form zu bekommen. Das gibt es wirklich!
Von Klasse 6 an frage ich **die Hälfte der Wörter auf Deutsch ab, die andere Hälfte auf Englisch.** Auch hierbei beachte ich die einmal eingeführte Ordnung: Die englischen Wörter stehen immer links. Das kommt Ihnen vielleicht übertrieben vor. Für ein LRS-Kind kann es – wie gesagt – entscheidend sein.
Dass wir die „Vokabeln der Woche" täglich kurz üben, ab und zu auch schriftlich, versteht sich von selbst.

Lesen

Englisch-Lernanfänger sind **Lese- und Schreibanfänger einer fremden Sprache**. Diesem Aspekt wird aus meiner Sicht viel zu wenig Aufmerksamkeit geschenkt. Die verwendeten Unterrichtswerke konzentrieren sich auf die Auswahl des Wortschatzes und grammatischer Strukturen, die von leicht nach schwerer fortschreiten. Fürs Lesen- und Schreibenlernen wird so gut wie kein Weg angegeben. Von Beginn an werden den Schülern Wörter unterschiedlichster Schreibweisen und Aussprache angeboten (lauter fremde Wortungetüme aus der Sicht der Schüler) in der Erwartung, dass sie sich das alles schon irgendwie merken können. Im Grunde entspricht dies einem **Lese- und Schreiblehrgang nach der Ganzwort-Methode**, einer Methode, mit der viele Schüler, vor allem aber lese-rechtschreib-schwache, nicht gut klarkommen. Bisher im Deutschunterricht als hilfreich erlebte Strategien wie Wortauf- und -abbau und Durchgliedern nach Sprechsilben greifen beim Englischlernen nicht. Dies ist äußerst frustrierend, weil unsere Schüler erneut und diesmal sogar noch verschärft mit ihren Leseschwierigkeiten konfrontiert werden.

Was hilft?

Wir müssen versuchen, diese englischen Wortungetüme aufzubrechen und **den Blick** unserer „Beginners" **für englische Schreib- und Leseweisen zu schärfen**, damit im Laufe der Zeit an geschriebene Wörter eine Art **innerer Hörerwartung** geknüpft werden kann, die sich in möglichst vielen Fällen als richtig erweist. Ein Blick ins Repertoire unserer Grundschul-Kollegen ist sehr hilfreich. Leseübungen nach dem Schema

H
M
Schm → aus
r

sind durchaus ins Englische übertragbar. Das Lesenlernen mit Reimwörtern gleich geschriebener *und* gesprochener Wortbausteine ist überhaupt sehr sinnvoll. Es trainiert Blick und Ohr, besonders bei Schülern, die auch im Deutschen zwar den Wortanfang, nicht aber das Wortende beachten und sich beim Lesen daher oft irren. Kleine, immer mal wieder eingeschobene Übungen in Form von Tafeltexten, Gedichtchen, Memories o.Ä. bringen gute Erfolge. So kann man **Lautgebärden-Poster zum Trainieren bestimmter englischer Laute** hervorragend mit kleinen Übungsgedichten verknüpfen. Ungewohnt und daher besonders zu beachten sind zwei in unserer Sprache nicht vorhandene Laute: *th* und *w*.

Es ist sehr hilfreich, sie durch den Einsatz von **Lautgebärden** fühlbar zu machen.

Lautgebärden-Poster Th th

Zum Üben des Lautes th (weich)

These are **th**e persons **th**at I like:
my mo**th**er, my fa**th**er and my bro**th**er Mike.

Zum Üben des Lautes th (hart)

Three **th**ings I love best:
thunderstorms, **th**rills
and **th**ousands of good tests.

Lautgebärden-Poster (w) (wh)

w < in / ith / as

wh < ere / at / en

w, wh

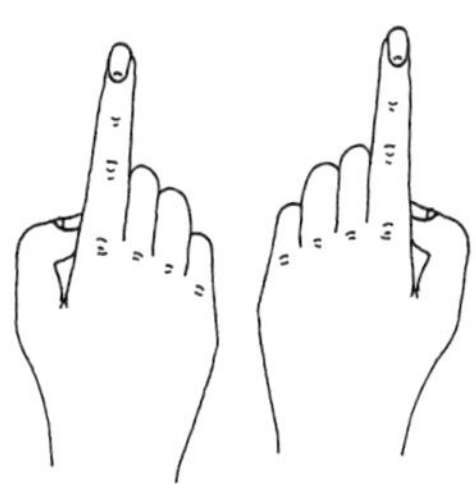

double u

What we want

We **w**ant **w**arm **w**ater
to get **w**arm and **w**et,
and **wh**en **we** **w**ant **w**arm **w**ater
we **w**ill **w**in, I bet.

Die „**Wizard of words**"-Serie basiert auf der gleichen Aussprache vieler Reimwörter. Vorteil für die Schüler: Können sie sich die Aussprache eines Wortes merken, kennen sie auch die der anderen. Die folgenden Beispiele sind schwerpunktmäßig für Fünftklässler gedacht, aber durchaus auch in der 6. Klasse verwendbar:

I am a wizard of words

b
c
f
fl
h
m
r
th
s

→ **at**

My **cat**
is not **fat**
– nor is my little **rat**.
They love to hide inside my **hat**.
So we have a lot of fun in my **flat**.

I am a wizard of words

s
bl
b
h
p

→ **ack**

One day
a farmer gave me a **sack**.
I looked at the **sack**
and saw it was **black**.
It wasn't brown –
the sack was **black**!
So I decided to give it **back**.

I am a wizard of words

f
s
g
r
→ **un**

A **gun**
is no **fun**,
is not like walking in the **sun**.
So when you hear or see a **gun**
you'd better **run**, just **run**!

I am a wizard of words

m
n
r
tw
→ **ice**

I like **ice**-cream,
you like **rice**.
The fine white cat says,
„**Mice** are **twice** as **nice**!"

Rechtschreiben

„Die Engländer spinnen! Sie schreiben ‚Blumentopf' und lesen ‚Kinderwagen'", hieß ein geflügeltes Wort in meiner Schulzeit. Die Engländer spinnen natürlich nicht, und ganz so krass unterscheiden sich Schriftbild und Aussprache auch nicht, aber die englische Rechtschreibung ist durchaus etwas gewöhnungsbedürftig.
Sprachgeschichtlich lassen sich viele Schreibweisen ableiten, auch die Kenntnis anderer Fremdsprachen hilft, Rechtschreibfehler zu vermeiden (beschrieben in dem wirklich lesenswerten Buch „Das unnötige Versagen in Englisch", siehe Literaturliste). Über solch hilfreiches Wissen verfügen unsere Schüler leider nicht. Wenn wir als Lernbegleiter verstehen wollen, was in den uns anvertrauten „Beginners" vor sich geht, sollten wir wieder den Blick eines – ob der Vielfalt der Schreibweisen staunenden – Anfängers einnehmen, der sich mit Herzklopfen fragt, wie um alles in der Welt er sich das je merken soll. Die tröstende Antwort heißt: **Strukturen erkennen lernen, Raster bilden, Mut zur Lücke entwickeln. Und: sich Zeit lassen, Geduld haben**.
Wie man Blick und Ohr schärfen kann, habe ich bereits dargelegt. Ich möchte hier nun beschreiben, wie ich mit meinen Schülern so nach und nach einen Weg durch den Dschungel englischer Schreibweisen gefunden habe.
Schaut man sich das Vokabular eines beliebigen Englischbuches an, stellt man fest, dass es **eine große Anzahl von nahezu lautgetreuen Wörtern** gibt, die – mal abgesehen von der englischen Aussprache der Konsonanten „r" und „s" am Wortanfang – auch von einem Anfänger spontan richtig geschrieben werden können. Das hat mich sehr überrascht. Beim weiteren genauen Hinsehen kristallisierten sich für uns immer mehr **typisch englische Schreibweisen** heraus, die geordnet eine gute Orientierungshilfe zur Aussprache boten. Wenn man sich einmal gelöst hat von der Idee, eindeutige englische Rechtschreibregeln zu finden und zu vermitteln und sich stattdessen darauf konzentriert, **Wörter gleicher Buchstabenkombinationen und gleicher Aussprache zusammenzustellen**, lässt sich ein Raster finden, das das Lesen englischer Texte sehr erleichtert. Insofern ist mein „Rechtschreibkurs" eher ein „Lesehilfe-Kurs". Der durch die Deutschlehrerbrille anvisierte Weg „wenn ein Wort so und so klingt, schreibt man es so und so" funktioniert im Englischen nicht. Aber es lässt sich ein **Weg der relativ hohen Wahrscheinlichkeit** für eine bestimmte Schreibweise finden, und das ist immerhin besser als nichts. Insofern sind die Lesehilfen durchaus auch Hilfen zur Rechtschreibung.

Meine Schüler legen von Beginn an ein **Rechtschreibheft** an, das sie bis zum Ende der 7. Klasse oder noch darüber hinaus begleitet – ein DIN-A5-Doppelvokabelheft, in dem sie die Seiten durchnummerieren (am besten zu Hause). Ins Deckblatt wird folgendes **Inhaltsverzeichnis** eingeklebt:

Alle neuen Wörter, die uns begegnen, werden auf dieses Raster hin untersucht und, wenn passend, auf Deutsch und Englisch aufgeschrieben. Anfangs machen wir das gemeinsam, später können die Schüler das allein, vorausgesetzt, die Wörter werden auf dem Vokabelblatt gekennzeichnet.

Inhaltsverzeichnis (Rechtschreibheft)

S. 1–6	(fast) geschrieben wie gesprochen
S. 7–9	Wörter mit a [ä]
S. 10–11	Wörter mit u [a]
S. 12–13	Wörter mit i [ai]
S. 14	Wörter mit e in der ersten Silbe [i/i:]
S. 15–16	Wörter mit ee [i:]
S. 17–18	Wörter mit oo [u/u:]
S. 19–20	Wörter mit ou [au]
S. 21–22	Wörter mit ai/ain [ei/ein]
S. 23–24	Wörter mit ay/ays [ei/eis]
S. 25–26	Wörter mit all [o:l]
S. 27–28	Wörter mit Endung -le [l]
S. 29	Wörter mit ir [ö:]
S. 30	y am Anfang [j]
S. 31	y am Ende [i]
S. 32	y [ai]
S. 33	c vor a, o, u und vor Konsonanten [k]
S. 34	c vor e, i, y [ß]
S. 35	Wörter mit wh
S. 36–37	Wörter mit th (stimmhaft)
S. 38–39	Wörter mit th (stimmlos)
S. 40–41	Wörter mit sh [sch]
S. 42–43	Wörter mit ght [t]
S. 44–45	Wörter mit ea [i:]
S. 46–47	Wörter mit ew [ju:]
S. 48–49	Wörter mit aw/awn [o:/o:n]
S. 50	Wörter mit Endung -tion [schn]

Beim Erlernen der internationalen Lautschrift beweisen wir Mut zur Lücke. Unser Lehrplan schreibt uns die Kenntnis einiger Zeichen der internationalen Lautschrift vor, welche, ist nicht näher gekennzeichnet. Wir dürfen uns daher sicher beruhigt auf [b, d, e, f, g, h, i, j, k, l, m, n, p, r, t] beschränken. Für alle anderen Laute verwenden wir fröhlich-unbekümmert zunächst deutsche Lautzeichen, die ähnlich klingen wie die englischen Laute, und schreiben fürs erste auch nur sie ins Rechtschreibheft. Worauf man dabei aber unbedingt achten sollte, habe ich bereits dargelegt (siehe Vokabellernen S. 17/18).

Aus diesen Wortsammlungen lassen sich Reime bilden (die Reime auf S. 34 f. sind als Anregung zum Selbst-Erfinden gedacht), deren Aussprache nun auch keine Schwierigkeit mehr bereitet. Ihre Besonderheit liegt darin, dass **ausschließlich Reime mit gleicher Rechtschreib- und Aussprachebesonderheit** verwendet wurden. Dies schränkt die Auswahl verwendbarer Wörter erheblich ein, was andererseits zu originellen Kombinationen führen kann. **Wörter gleicher Laut- und Schreibstruktur** werden intensiv geübt. Schreibt man Teile daraus auf, ist die Fehlerquote erfreulich gering. Lesen und Schreiben machen Spaß, weil beides gelingt. Große Freude bereitet mir auch, zu erleben, dass sich, seitdem ich so arbeite, ein großer Teil der Schüler mit Vergnügen ans Lesen völlig fremder Texte gibt und dabei erstaunlich wenig Aussprachefehler vorkommen.
Das Erstellen solcher Wortlisten und die Arbeit mit Wörtern gleicher Laut- und Rechtschreibstruktur ist meines Erachtens von so zentraler Bedeutung, dass ich Ihnen die Gründe hierfür gerne noch genauer erläutern möchte.

Das Problem der „Ähnlichkeitshemmung"

In noch weitaus stärkerem Maß als in der deutschen Rechtschreibung ist man im Englischen mit dem Problem der **„Ähnlichkeitshemmung"** konfrontiert. Deutschlehrer vermeiden es bei Kenntnis dieses Problems inzwischen, vom Klang eines Wortes auszugehen und die unterschiedlichen Schreibweisen parallel üben zu lassen (z.B. das lang gesprochene **i** in T**i**ger – F**ie**ber – z**ie**ht). Sie sortieren stattdessen, üben zunächst Wörter mit **ie**, dann die mit **i** und leiten schließlich **ieh** ab: z**ieh**en – z**ieh**t.
Parallel geübt verhindern die unterschiedlichen Schreibweisen eine **exakte optische Wahrnehmung** und ein klares Abspeichern des Wortes in der „richtigen Schublade". Einige englische Schulbücher bauen Leseübungen genau auf dieser Lernblockade auf; es gibt sogar

Rechtschreibhilfen, die in der folgenden Weise arbeiten:
„Präge dir die Schreibweisen des Lautes [ei] ein!
[ei]: plane, sail, rate, eight, stay, sleigh …"

Warum das nicht funktionieren kann, möchte ich Ihnen anhand eines Beispiels aus der Geometrie veranschaulichen.
Sie sehen die Abbildung eines geöffneten Kartons in Würfelform. Zunächst ist für Sie wahrscheinlich eindeutig, dass der Karton in Seitenansicht dargestellt ist, vorne geöffnet.

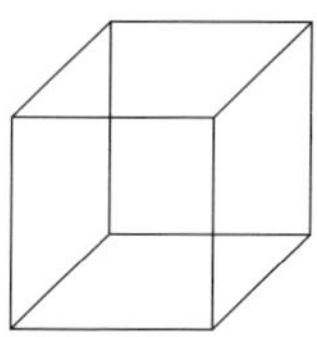

Aber sind Sie sich ganz sicher? Schauen Sie nicht doch von oben in den geöffneten Karton?
Je länger Sie hinschauen, desto öfter scheint sich die Ansicht zu verändern, bis Sie keine genaue Aussage mehr machen können.
Ihr Gehirn ist ratlos, es **kann keine eindeutige Zuordnung finden**.
Übertragen auf die englische Rechtschreibung kann es bedeuten, dass Sie nach einer wie oben beschriebenen Übung völlig unsicher sind, wie der [ei]-Laut im gehörten Wort [meit] geschrieben wird:
m**ai**t, m**eigh**t, m**aigh**t oder m**a**te?

Damit Ihr Gehirn die richtige Schreibweise zuordnen und abspeichern kann, muss es bereits ein Raster gefunden und einen Speicherplatz eingerichtet haben, d.h. Sie müssen schon sehr rechtschreibsicher sein. **Wir aber haben es mit Lernanfängern zu tun**.
Hinzu kommt noch, dass unterschiedliche Schreibweisen bei gleicher Aussprache völlig unterschiedliche Bedeutungen mit sich bringen (z.B. sail – sale oder eight – ate).
Daher möchte ich Ihnen dringend empfehlen, ganz besonders im Umgang mit LRS-Schülern einen Bogen um diese Übungen zu machen.
Rein akustisch, also ohne Wortbild und von Ihnen vorgelesen, eignen sie sich gut

- → um die exakte Aussprache eines Lautes zu trainieren,
- → als Abhörübung („Hörst du [ei] am Wortanfang, in der Mitte oder am Schluss?"),
- → zur akustischen Differenzierung (z.B. in Abgrenzung zu [ai]).

Als Rechtschreibübungen halte ich sie für geradezu fatal.

In meinen Gedichten habe ich versucht, das genannte Problem so gut wie möglich zu berücksichtigen. Nicht ganz konsequent war ich bei „Winnie the Pooh", da manche „oo-Wörter" den langen [u:]-Laut enthalten, andere den kurzen [u]-Laut. Aus meiner Sicht reicht für Lernanfänger eine „**Lang/Kurz-Unterscheidung**". Arbeiten Sie mit der internationalen Lautschrift, würde ich zunächst die „oo-Wörter" nach ihrer exakten Lautzugehörigkeit ordnen lassen. Hervorragende englische Literatur, die ebenfalls das Problem der Ähnlichkeitshemmung beachtet und von Ihren Schülern bereits am Ende der 5. Klasse gelesen werden kann, schreibt der amerikanische Autor „Dr. Seuss". Seine wirklich originellen und ansprechenden Bücher, z.B. „Green eggs and ham" oder „The cat in the hat" möchte ich Ihnen ausdrücklich empfehlen.

Gedichte

This school is not cool

When Winnie the Pooh
one day went to school
the teacher said, "Take out your book."
Winnie the Pooh looked at Kangaroo
and took out a piece of wood.

The teacher said, "You silly fool!
You must leave this room in the afternoon,
you'd better go back to the zoo!"

Well, Winnie just stood
there and thought, "That's not good,
for we want to learn something, too.
We aren't poor fools,
we can work with tools,
we can cook and also spin wool."
Winnie the Pooh and Kangaroo
went out of the room
in a very bad mood.
They stood on the top of the roof very soon,
where they had parked their flying balloon,
shouting, "Winnie the Pooh and Kangaroo
don't believe school is cool.
We just don't believe school is cool.
T h i s school
just isn't cool!"

Mögliche Aufgabe:
Beachte beim Lesen die unterschiedliche Aussprache von oo [u:] und oo [u]:

Oh dear!

In the sea,
far off in the east,
a beast
is having a feast.

The little flea is drinking tea,
the funny seal is having a meal
of peas and beans.

Yes, my dear,
you can go near
till you can hear them
– with your ear, that's clear –
reach down to the beach,
say hello to each of them
and then please take a seat
and eat,
some cream,
some wheat,
some steamed potatoes and meat.
A wonderful meal –
that's a real good deal.

For in the sea,
far off in the east,
the beast will have a feast
– eating you! Ugh!

Mögliche Aufgabe:

1. Lies den Text leise. Schlage unbekannte Wörter nach und notiere sie.
2. Schreibe alle „ea-Wörter" auf und jeweils die deutsche Bedeutung darunter. Fällt dir etwas auf?
3. Lies den Text laut. Versuche, ihn rhythmisch zu lesen, indem du dabei über den Flur marschierst.
4. Sortiere alle „ea-Wörter" nach langem und kurzem „i". Vervollständige!

Weitere Beispiele

I like Ida

Uh, ah, I like Ida,
uh, ah, I like Ida,
uh, ah, I like Ida,
uh, ah, I hope she likes me!

Well, the weather isn't fine
and the sun won't shine
but I don't hide;
it isn't cold outside.
You're my light in the night that's
shining bright –
I'd like to take you for a ride on
my bike.
So: Swallow your pride
and stay by my side.
I just don't feel right when you are
out of sight.
Let's have a good time without
spending a dime,
together life is twice as nice.

And besides – you're so kind
so I hope you don't mind
that I won't fight for you with all my
might.
Just give me a sign, let me know
you're mine,
you're the woman of my life,
so be my wife!

Stay – or go away?

I just don't feel okay.
No, nothing is okay.
And I wonder: Should I stay
or go away?
Stay – or go away?
Go away – or stay?

On a sunny day in May,
(in May, in May)
I decided to go away.
(I <u>must</u> go away, far away.)
But my friend called,
asked me to stay with him,
*("Say, why don't you stay
with me for a day? Please,
please don't go away!")*
Have some fun
and also play with him.
*("Come on, let's play! Some
music? Computer? Okay? Okay?")*
So I decided to stay.
(Okay, I will stay for a day.)
And I didn't run away.
(I won't go away. Not today.)
Which was quite okay.
(Okay. Okay.)
Let's say, at least for a day.
(Just for a day it was okay.)

Still I wondered: Should I stay
or should I go away?
Stay – or go away?
go away – or stay?
Okay, I will stay for a day. And may-
maybe for another day.
My friend is okay and may-
maybe I'll be okay, if I stay.
Okay? Okay?

No one has got the right to kick you 'round

When you feel like all the world is pushing you 'round,
kicking you 'round like a goddamn hound,
and when you're on the ground, no way-out can be found,
you're bound to follow the sound.
Follow the sound that's inside you.
Listen carefully and you will know what to do.
A gentle voice, not very loud,
saying, "What's it all about? You will find a way out,
No one has got the right to kick you 'round!"
You're bound to follow the sound,
follow the sound that's inside you
and you will know what to do.
That gentle voice, not very loud,
saying, "I'm right by your side.
Stand up and be proud!
Don't ever let anybody push you 'round. Listen:
No one has got the right to kick you 'round!"

Farewell

When I must leave now,
please try not to cry.
You are not the reason why,
so let your tears just dry.
Like a falcon in the sky
I must spread my wings and fly.
And I hope, and I'm sure
you will understand me
by and by.

My unforgettable uncle

Have you ever met extraordinary people?

Take my uncle, for example,
who spent most of his life in the jungle.
He was able to dance in the middle of a table,
playing the fiddle, knew many a riddle.

One terrible day he started to gamble,
got drunk and fell into a bramble.
When they found him, he was half strangled
and his body was completely spangled.

Well, after that he bought two beagles
but apart from that he was fond of eagles.
He loved to eat apples and lots of vegetables –
it's incredible, but unforgettable.

And that's all I know about my uncle,
who spent most of his life in the jungle.

Pronomen

Vor schier unüberwindbaren Problemen stehen viele Schüler – durchaus nicht nur Lese-Rechtschreibschwache – beim Gebrauch der Pronomen.
Das ist nicht verwunderlich, wenn man bedenkt, dass ihnen das auch im Deutschen Schwierigkeiten bereitet und Formulierungen wie „meine Oma ihr Hund" oder „das ist ihm seins" bis hin zu „da werden Sie geholfen" an der Tagesordnung sind. Vokabeln pauken hilft hier gar nichts, im Gegenteil, es kann das Chaos eigentlich nur perfekt machen. Das deutsche Wort „sein" kann – je nach Kontext – „his", „its" oder „be" heißen; mit dem deutschen Wort „ihr" kann „you" (Mehrzahl), „her" oder „their" gemeint sein; „sie" bedeutet gar „she", „her", „they", „them". Wie soll man sich da zurechtfinden?
Das einzig Sinnvolle ist hier das Erlernen und Üben in Zusammenhängen. Aber in welchen?
In den meisten englischen Unterrichtswerken werden zunächst die Personal- und Possessivpronomen erarbeitet, indem man **verschiedene Personen einander gegenüber stellt:**

- I (my) – you (your)
- he (his) – she (her) – it (its)
- we (our) – they (their)

Nach einem kleinen Text, in dem die Pronomen vorgestellt werden, wird „geübt". Man erwartet, dass die Schüler diese Pronomen nun – mit oder ohne Hilfe – in einen Lückentext richtig einordnen können. Sind die Personal- und Possessivpronomen auf diese Weise „erarbeitet", folgt in einer der nächsten Lektionen die Vorstellung der Personalpronomen im Dativ und Akkusativ mit oder ohne Präpositionen. Dann folgen wieder Einsetzübungen.

Spätestens hier verdrehen meine Schüler die Augen. Wäre da nicht der Druck, in Hinsicht auf einigermaßen erträglichen Noten (schließlich hat man ja auch Eltern) irgendwie erfolgreich sein zu müssen, könnte das ja vielleicht ein nettes Spielchen sein – wie Jonglieren mit 6, 8, 10 oder mehr Bällen – aber so???
Wie so oft legen die gequälten Gesichter meiner Schüler mir nah, doch andere Wege zu suchen. Ich weiß, dass der Gebrauch der Pronomen in der englischen Sprache wesentlich einfacher ist als in der deutschen, es wäre doch schön, das auch deutlich spürbar zu machen. Eine andere Ordnung, eine, die nicht gleich eine Gegenüberstellung und Abgrenzung verschiedenster Personen zu Grunde legt, erscheint mir sinnvoller. So kann man den kleinen Text „That's me" sehr früh einsetzen und enthält alle für die 5. Klasse vorgesehenen Pronomen, die zu „I" gehören.

That's **me**

Look at **my** photo:
This is **me**.
I am a good friend
and **my** friends love **me**.
Please, please be good to **me**.
Give **me** a call and play with **me**.

Er lässt sich leicht auswendig lernen und dient damit als **Gedächtnisstütze**. Außerdem kann man an ihm gut herausarbeiten und schon mal festhalten, dass die im Deutschen mitunter strittige Frage „mir oder mich?" im Englischen ohne Bedeutung ist. Ob nun:

→ telephone **me** – ruf **mich** an
→ give **me** – gib **mir**
→ help **me** – hilf **mir**
→ love **me** – hab **mich** lieb
→ walk with **me** – geh mit **mir** spazieren
→ come to **me** – komm zu **mir**
→ wait for **me** – warte auf **mich**

Auf Englisch heißt es immer „me". Wenn man Fan von Einsetzübungen ist, kann man Sätze anbieten, in die „I/my/me" eingefügt werden muss. Es werden kaum Fehler passieren. Entsprechende Texte lassen sich mit etwas Fantasie für alle Personen finden. **Entscheidend scheint mir zu sein, ausreichend zeitlichen Abstand zwischen der Einführung der verschiedenen Personen einzuhalten,** (spätestens nach dem Erarbeiten der „you"-Formen) an etwas anderem zu arbeiten **und zwischendurch Wiederholungen anzubieten**, bis alles bei allen richtig „sitzt". Im Text „That' s you" ist zu beachten und zu erklären, dass das englische „you" zugleich drei deutsche Formen umfasst:
„du" (Einzahl), „Sie" (Höflichkeitsform) und „ihr" (Mehrzahl). Wird im Englischen jemand angesprochen – egal ob Freund, Respektsperson oder mehrere Personen – heißt es immer „you". Wir müssen uns also viel weniger merken. Wer gemeint ist, ersieht man nur aus dem Zusammenhang. Der zweite „That's-you"-Text ist nur an einer Stelle anders. An welcher? Und wer ist hier gemeint? Diese Fragen reichen meist schon, um das Thema zu verdeutlichen.

That's **you** (1)

You are a good friend, too.
All I need is **you**.
I can come to **your** house.
I can watch **your** little mouse.
When I see **you** for a while,
I give **you** a big smile.
I give **you** a big smile.
And when the telephone rings,
I know it's **you**.

Unser Wunsch ist, langsam **vom Leichten zum Schwereren** fortzuschreiten, ohne dabei durcheinanderzugeraten.

That's **you** (2)

You are good friends, too.
All I need is **you**.
I can come to **your** house.
I can watch **your** little mouse.
When I see **you** for a while,
I give **you** a big smile.
I give **you** a big smile.
And when the telephone rings,
I know it's **you**.

Nachdem „I" und „you" sicher beherrscht werden, bietet sich „we" als nächstes an. „We", „our", „us" zeigen relativ deutlich eine Sprachverwandtschaft mit „wir", „unser", „uns", was hilfreich ist. Es gibt auch keine mehrdeutigen Übersetzungen, sodass hier ein einfaches Vokabellernen den Anfang machen kann. Gefühlsmäßig dürfte das einigen Schülern vom Schulhof her bekannt vorkommen.

That's **us**

We are the best friends you can see.
We – that means: you and me.
We are playing with **our** ball
but **our** ball is not for all.
It is just
for **us**.
You can watch **us**,
you can help **us**,
you can wait for **us**,
you can play with **us**.
But you may not take **our** ball,
it's not for all.

Relativ schwer fallen die Pronomen „he/his/him". Eine Hilfe kann sein, beim Vergleich vom deutschen „ihm" zum englischen „him" festzustellen, dass **die Buchstaben lediglich eine andere Reihenfolge haben**. Durchschlagenden Erfolg brachte dann allerdings die Assoziation von „he" mit „Hero" und die Posterserie (s. S. 42f.). Viele meiner Schüler haben ältere Brüder, und Gefühle wie im Text „That's him" sind ihnen nicht fremd.

That's **him**

That's my big brother.
He is very nice.
But sometimes **he** is cold as ice.
I mustn't open **his** door,
I mustn't sit on **his** floor.
Sometimes I love **him**.
Sometimes I hate **him**.
And when **he** is cold as ice,
I don't think **he**'s very nice.

Für sehr wichtig halte ich – einfach aus Erfahrung – gerade hier Gegenüberstellungen mit „she/her/her" zu vermeiden. Es empfiehlt sich, zunächst „it" zu erarbeiten und dann – mit größerem zeitlichen Abstand – „she".
Zur Abwechslung auf der nächsten Seite mal ein Rätsel.

That's it

It is a good friend and a helping hand.
Its colour is red, blue or white.
It sleeps in your bag and **it** only awakes
when you take a pencil and write.
When you let **it** fall, **it** jumps up like a ball.
You can use **it** and play with **it**, too.
You need **it** at home but most of all
you need **it** in maths, at school.
Just think about **it** a little bit.
Then jump up and laugh and shout,
"That's **it**!"

Eine Tages nahm außer „Hero" auch noch „Sheila" Einzug in unser Klassenzimmer und bot ihre Hilfe an – ebenfalls mit sehr großem Erfolg. Die kleine Schwester im folgenden Text hat allerdings einen anderen Namen.

That's her

My little sister is very sweet.
Look! **She** is running down the street.
Her name is Sue.
Her age is two.
I can sing with **her**
and I can swing with **her**.
I must clean **her** nose
and I love tickling **her** toes.
That's little Sue
– **she**'s only two.

Am schwersten fallen meist „they/their/them", vor allem wohl, weil die deutsche Übersetzung die Formen von „she" nahelegen.

Bei Übersetzungen ist es daher ganz gut, alle „sie" und „ihr" in der Mehrzahl mit dem kleinen Symbol (Mz) zu kennzeichnen, um auf die Mehrzahl hinzuweisen.

That's them

Watch the little cats.
They play and run.
They always have a lot of fun.
Their coats are black or grey
or white,
their eyes can see you late at night.
Give **them** something nice to eat
and **they** will jump around your feet.

Aus allem bisher Gesagten wird deutlich, dass das Erlernen der Pronomen besonderer Aufmerksamkeit und Sorgfalt bedarf, gerade in der Arbeit mit LRS-Schülern, denen es schwer fällt, abstrakte Begriffe zu speichern, und die zudem große Mühe beim Lernen von Satzpatterns haben. **Es ist daher immens wichtig, die Pronomen auf vielfältige Weise und in gewissen Abständen immer mal wieder zum Unterrichtsthema zu machen sowie ausreichend Übungsmaterial (mit Kontrollmöglichkeit) bereitzustellen.** Auch bei Wiederholungen sollte immer nur eine Person mit ihren Pronomen Übungsthema sein. Dass in den kleinen Texten außerdem auch andere Pronomen vorkommen, lässt sich kaum vermeiden, stellt aber erfahrungsgemäß keine Schwierigkeit dar, da „I", „you" und „it" in der Regel gewusst werden.

Die schwierigeren und umfangreicheren Texte eignen sich gut zur Wiederholung in Klasse 7 und können zugleich Anreiz für Diskussionen in englischer Sprache sein – viele Schüler haben Erfahrungen mit Geschwistern und eigene Ansichten über Spinnen und Vampire. Da die Texte länger und schwerer auswendig zu lernen sind, können sie auch in Abschnitte unterteilt und von mehreren Schülern gelesen, vorgetragen und/oder gelernt werden.
Es macht auch Spaß, sie mit Musik zu unterlegen. Ein vom Rhythmus her besonders gut geeignetes Stück zu suchen, kann eine reizvolle und sinnvolle Hausaufgabe sein. Ihre Schüler kennen sich hier vermutlich viel besser aus als Sie. Gut ist es, zu jeder der erarbeiteten Personen das entsprechende Poster aufzuhängen (s. S. 42 ff.). Man kann – in Absprache mit Kollegen – im Klassenraum eine Wandseite für das Fach Englisch reservieren und alle Poster mit einer Farbe, z.B. gelb, unterlegen.

This is **our** family.
Just look **at us**.
Don't **we** look like people you can trust?

Our hair is long.
Our teeth are strong
We sleep by day
but **our** nights are long.

Don't be afraid of **us**.
Don't run away from **us**.
We'll make you one of **us**.
Just trust
us.

We'll make you fly **with us**
high up in the sky **like us**.

What???
You don't want to???
Well, you **must**!!

Text-Vorschlag zum Üben

we

our friends

to **us**

ourselves

it's **ours**

Poster-Vorschlag

My big brother
can be very nice.
But sometimes
he is as cold as ice.
When friends are there,
he says, "Get lost!"
When I break a window,
he pays the costs.

His TV is on –
I mustn't watch it.
His motorbike –
I mustn't touch it.
Mustn't open **his** door,
mustn't sit on **his** floor.

Sometimes I love **him**.
Sometimes I hate **him**.
Sometimes I nurse **him**.
Sometimes I curse **him**.

I can walk with **him**
and I can talk with **him**.
I can play with **him**
and I can stay with **him**.

But when **he** is as cold as ice,
I don't think **he**'s very nice.

Text-Vorschlag zum Üben

his friends

to **him**

himselve

it's **his**

Poster-Vorschlag

I love spiders.
Do you know why?
Since **they** live in my room,
you cannot see a single fly.
They spin all day
and **they** don't run away
when I watch **them**.
I never touch **them**.

Their legs are hairy
but **their** webs are like
a fairy's dress
sparkling in the sun.
They can run!!!

Please don't chase **them**,
just let **them** do **their** work.
And please don't kill **them**
and don't disturb **them**.

Let **them** live by your side.
You don't have to hide.
They won't fight
you at night.

Text-Vorschlag zum Üben

they

their friends

to **them**

themselves

it's **theirs**

Poster-Vorschlag

Präpositionen

in - on - at - to - by - with - from - for - under - near - over - beside - opposite - above - behind - ...

... wir betreten ein weiteres Minenfeld. Vielen LRS-Schülern bereitet der Gebrauch der Präpositionen enorme Probleme. Da viele von ihnen **im Raum-/Lagebereich** nach wie vor und trotz zahlreicher Übungen während der Grundschulzeit (im Idealfall!) noch **unsicher sind** (Mathematiklehrer spüren das deutlich), ist das überhaupt nicht verwunderlich. Ein Blick ins Lexikon zeigt zudem, dass wir es mit einem äußerst komplexen Sachverhalt zu tun haben, der auch „Könnern" durchaus nicht immer leicht fällt.

So kann das so unglaublich harmlos und unscheinbar daherkommende englische Wörtchen „**in**", je nach Kontext, den deutschen Präpositionen „in, an, auf, bei, aus, nach, unter, gemäß, zu, von" entsprechen. Unter „**on**" sind als Übersetzung „auf, an, zu, bei, in, nach, von, über" zu finden. „**At**" ist sicherlich die schillerndste der englischen Präpositionen; sie tritt zudem noch in zahlreichen idiomatischen Redewendungen sowie nach bestimmten Verben oder Adjektiven auf.
Die räumliche Verwendung der Präpositionen „**under, beside, behind, near, opposite**" sowie „**in**" in der Bedeutung des deutschen „**in**" und „**on**" in der Bedeutung von „auf" kann anhand von konkretem Material, Bildbeschreibungen, Stadtplänen und Spielen gut trainiert werden.
Zu beachten ist eigentlich nur, dass den Präpositionen eine besondere Schwierigkeit innewohnt und sie besonders geübt werden müssen, was wirklich nur in Kleingruppen oder im Einzeltraining zufriedenstellend gelingen kann.
Die Präpositionen „**in, on, at**" folgen einer Logik, die für uns schwer nachvollziehbar ist; sinnvoll scheint einzig und allein das Einprägen in Zusammenhängen. Allerdings stellt sich auch hier wieder die Frage, in welchen.
Kleine Übungstexte, die gut auswendig zu lernen sind, helfen auch diesmal (siehe S. 46). Wichtig ist, **nur jeweils eine der Präpositionen zu üben**, und zwar immer mal wieder. Ausreichender zeitlicher Abstand erleichtert das „Einschleifen" einer weiteren Präposition. Selbstverständlich begegnen einem in jedem Text auch noch weitere Präpositionen, die verstanden werden müssen, aber hier geht es ja ums Üben und die Frage, wie das gelingen kann.
Ausdrücklich abraten möchte ich auch hier von den offenbar sehr beliebten Einsetzübungen, die im Übrigen aus meiner Sicht in aller Regel keine Übungen, sondern Lernkontrollen darstellen. Sie verwirren ungemein – selbst bis dahin Gelerntes verschwindet wieder im Chaos.

Für sinnvoll halte ich dagegen, beim Üben einer Präposition untersuchen zu lassen, in welchen Ausdrücken sich die englischen und deutschen Präpositionen genau entsprechen und wo nicht, damit man hier getrennt üben kann:
Was ist einfach – was muss ich mir besonders merken?

Die den Übungstexten folgenden Beispiele für mögliche Arbeitsblätter tragen dem Rechnung (siehe S. 47/48). Auch Poster können das Lernen unterstützen, so lange sie sich – in Absprache mit den Schülern – auf das Wesentliche beschränken und für alle gut lesbar im Klassenraum hängen.
Schließlich lohnt es sich im Grammatikheft alle Ausdrücke mit „in/on/at" (Klasse 5) und später „by/to/with/..." (Klasse 6 und 7) zu sammeln, die im jeweils verwendeten Unterrichtswerk vorkommen. Der Einsatz verschiedener Freiarbeitsmaterialien wie „Elastics" oder „Memories", die sich besonders für Zuordnungsübungen eignen, kann solche Phasen auflockern und Erfolgserlebnisse vermitteln.

Gut geordnet lassen sich die Präpositionen üben, gut geordnet prägen sie sich mit der Zeit ein. Hier wird sich aber dennoch lange Zeit keine Perfektion einstellen – **Geduld ist angesagt.**

Textvorschläge zu Präpositionen:

Days of the week

On Monday I'm **on** the bus.
On Tuesday I'm **on** the train.
On Wednesday I'm **on** my bike.
On Thursday I'm **on** the telephone.
On Friday I'm **on** my own.
On Saturday I'll write **on** the board:
On Sunday, **on** my birthday,
I'll make a cake
with lots of candles **on** it!

Endless story

In this book there is a picture.
In this picture there is a town.
In this town there is a street.
In this street there is a house.
In this house there is a room.
In this room there is a desk.
In this desk there is a bag.
In this bag there is a book.
In this book there is a picture.
...

A pupil's lament

At night,
at noon,
even **at** midnight
and **at** school
I'm sitting **at** my desk,
looking **at** that test.
But **at** the very best
I am completely stressed!
So I think I'll take a rest
right now!

Can you see me

_____ bed
_____ town
_____ England
_____ the photo
_____ a field
_____ the tree

_____ the country
_____ trouble
_____ the street
_____ the evening
_____ Germany
_____ there

1. Setze ein, lies vor, übers
2. Kreise gelb ein: in →
3. Kreise blau ein: in →

Vorschläge für Arbeitsblätter

Can you see me

_____ school
_____ the bus stop
_____ the weekend
_____ the moment
_____ work
_____ noon

_____ home
_____ 11 o'clock
_____ the table
_____ night
_____ the centre
_____ the top

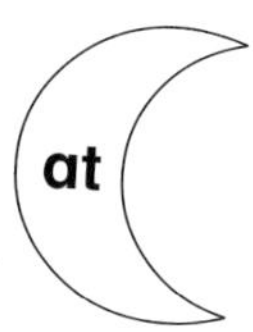

1. Setze ein, lies vor, übersetze!
2. Kreise gelb ein: at → in
3. Kreise blau ein: at → an, am

Can you see me

_____ farm

_____ the beach

_____ his way

_____ Sunday

_____ holiday

_____ the telephone

_____ the wall

_____ his bike

_____ my left (side)

_____ the bus

_____ the board

_____ a trip

1. Setze ein, lies vor, über
2. Kreise gelb ein: on → a
3. Kreise blau ein: on → c

Vorschläge für Arbeitsblätter

Smiley's birthday

It's Smiley's birthday .... Friday.
He is drawing a cake .... the board.
There are lots of candles .... his cake.
He is singing .... his way home.
He is talking to Grandma .... the phone.
He is having a party .... Grandma's farm.

His party is .... Sunday.
He is hanging a poster .... the wall.
He is putting .... his new pullover.
His friend is playing .... the piano.
Now he is turning .... the radio.
His friends are not .... their bikes,
they are not .... the bus,
they are .... his wonderful party.

1. Setze ein, lies vor, übersetze!
2. Kreise rot ein: on → auf
3. Kreise grün ein: on → an, am

Verben

Kurzformen

Alle der mir bekannten englischen Schulbücher arbeiten von Beginn an mit den englischen Kurzformen. Für LRS-Schüler (und auch für andere) ist dies ein Stolperstein, der ihnen erspart bleiben sollte – zumindest im Anfangsunterricht. **Er verschleiert grammatische Strukturen und verhindert eine akustische und optische Differenzierung.** Allen Übungen und Erklärungen zum Trotz wird z.B. „he doesn't" nicht als „he does not" erkannt, abgesehen davon, dass gerade bei dieser Form ein schwer wieder auszumerzender Rechtschreibfehler produziert, ja provoziert wird (dosen't). Beim Schreiben der langen Formen kommt er hingegen nicht vor.
Wir arbeiten daher **handschriftlich** zunächst nur mit den **langen Formen**. Treten Kurzformen im Text auf, notieren wir sie an der Tafel und klären sie, indem wir vergleichen und untersuchen, welche Buchstaben wegfallen. Zur Veranschaulichung setzen wir diese Buchstaben etwas höher.
Beim Lesen und Schreiben verwandeln wir die Kurzformen in lange Formen. **Der Zeitpunkt, an dem ein Verständnis der Kurzformen einsetzt, ist individuell sehr unterschiedlich**. Hier kann man in Ruhe abwarten, irgendwann fällt der Groschen.

z.B. I have not – I haven^{o}t – I haven't

he does not – he doesn^{o}t – he doesn't

I am – I^{a}m – I'm

he is – he^{i}s – he's

we are – we^{a}re – we're

you have – you^{ha}ve – you've

Die englischen Kurzantworten hingegen sollte man meiner Ansicht nach erst in der 6. Klasse einführen. Eine einfache „Yes- oder No-Antwort" reicht bis dahin völlig aus.

Konjugation

I am
you are
he/she/it is
we are
you are
they are

sind in der Regel die ersten Verbformen, die erlernt werden sollen. Viele meiner Schüler erleben bereits hier ihr erstes Fiasko. Sie können sich trotz ständigen Übens und guten Willens einfach nicht merken, **welche Form** von „to be" **zu welcher Person** gehört. Dies zu akzeptieren, ohne zu unterstellen, dass der/die Betreffende nicht aufpasst/ sich nicht bemüht/nicht zu Hause übt, ist auch mir zunächst schwer gefallen. Ich konnte das Problem

einfach nicht erkennen. Die Reihenfolge der Personen ist doch in sich logisch (drei Einzahl-, drei Mehrzahlformen, und der Blick geht jeweils von mir zu dir zu anderen), sie wird beim Erlernen aller Sprachen eingehalten, und **wir setzen voraus, dass sie unseren Schülern aus dem Deutschunterricht bekannt ist**.
Hand auf's Herz – wann haben Sie zum letzten Mal mit Ihren Schülern im Deutschunterricht Verben durchkonjugiert und diese Reihenfolge eingeübt? Fragen Sie doch mal Ihre Grundschulkollegen, wie oft sie dies zum Unterrichtsthema machen. Ich denke, man sollte mal besser nicht davon ausgehen, dass die Kenntnis dieser Reihenfolge bereits gefestigt ist.
Nehmen wir wieder den unbefangenen Blick des Lernanfängers ein – und mit ihm wollen wir ja Wege suchen –, stellen wir fest, dass es **für acht Personalpronomen drei verschiedene Verbformen gibt** (bei „to be"), **bei anderen Verben nur zwei** (dazu gehören die meisten Verben) und **bei noch anderen nur eins** (can, must, may, ought to …).
Auf die Gleichheit der Verbformbildung bei „he, she und it" wird immer deutlich hingewiesen (das „s" muss mit). Warum wird der Gleichheit der anderen keine Aufmerksamkeit geschenkt?
Trotz aller Vorbehalte und Gegenargumente (v.a.: Erlernen weiterer Fremdsprachen) wäre doch auch **eine andere Reihenfolge denkbar**, die genau dies berücksichtigt, wenn es denn beim Lernen hilft.
Mein Vorschlag mag angreifbar sein, und vielleicht ist er auch nur hilfreich für Schüler, die außer Englisch voraussichtlich keine weiteren Fremdsprachen lernen, zumindest nicht in der Schule. Ich will ihn dennoch machen, einfach deshalb, weil er hilft, Fehler zu vermeiden.
Die Dinge anders zu ordnen, scheint mir im Umgang mit LRS-Schülern überhaupt der Tipp zu sein.

Wir üben also:
→ *I am – I have – I do – I go*
→ *you are – you have – you do – you go*
→ *we are – we have – we do – we go*
→ *they are – they have – they do – they go*
→ *he is – he has – he does – he goes*
→ *she is – she has – she does – she goes*
→ *it is – it has – it does – it goes*
→ …

Ist die Reihenfolge nicht wie üblich festgelegt, können zwei ebenso eingängige Sprüchlein wie der „he/she/it-Hinweis" helfen, Fehler bei „to do" zu vermeiden.

→ *I and we and they and you: always do*
→ *tut „he/she/it" was: schreibe „does"*

Durch den Reim wird zugleich die korrekte Aussprache von „does" klargestellt und mitgeübt.

Regelmäßige Verben

In der 6. Klasse liegt ein grammatischer Schwerpunkt im Erlernen der Verbformen im „simple past". Er wird fortgesetzt in der 7. Klasse und ergänzt durch den Gebrauch des „present perfect".
Ich bedaure es, dass sich kein mir bekanntes Unterrichtswerk in der Erstbegegnung mit diesen neuen Formen **auf die Erarbeitung der regelmäßigen Verben beschränkt**.
Ebenso vermisse ich in den Schulbüchern eine Liste der verwendeten regelmäßigen Verben, während eine Liste der unregelmäßigen Verben stets vorhanden ist. Um im Zweifelsfall (regelmäßig oder unregelmäßig?) nachschlagen zu können, muss man **ein Ausschlussverfahren** anwenden: Findet sich das gesuchte Verb nicht in der Liste, ist es (vermutlich) regelmäßig – aber wie oft hat man nicht schon etwas übersehen! Es bleibt eine leichte Unsicherheit.
Das Konzentrieren auf die Vergangenheitsformen der regelmäßigen Verben birgt zunächst schon genug Schwierigkeiten, v.a. die Rechtschreibung betreffend, (Mitlautverdopplung z.B. bei „travel – travelled", Umwandlung des End-y in ein i etwa bei „try – tried") etwas, was „Könner" leicht übersehen oder unterschätzen. Hinzu kommen die ungewohnten Verneinungs- und Frageformen mit „did", sowie der Gebrauch des „simple past" an sich – bei uns spricht kein Mensch im Präteritum, es ist lediglich die schriftliche Erzählzeit – in Abgrenzung zum Gebrauch des „present perfect".
Anhand der folgenden Liste lassen sich reichlich Übungstexte sowohl im „simple past" als auch im „present perfect" formulieren. Man kann auch in Ruhe erarbeiten, wann im Englischen welche Vergangenheitsform gewählt werden muss. Die besten Erfolge erzielen meine Schüler hier, wenn sie sich zunächst **Signalwörter wie „yesterday/last week/two years ago/when I was a little baby/…"** für den Gebrauch des „simple past" einprägen …
Ich habe mich bemüht, in diese Liste die etwa bis zur 7. Hauptschul-Klasse **gängigsten regelmäßigen Verben** aufzunehmen, und dort auch die Rechtschreib- und Aussprachehinweise hervorgehoben.
Am günstigsten für Ihre Schüler ist es jedoch, wenn Sie sich einmal die Mühe machen, etwa zu Beginn des Erlernens des „simple past", die in Ihrem speziellen Unterrichtswerk bisher erlernten regelmäßigen Verben aufzulisten und für die Schüler zu kopieren. Ansonsten reicht es, die hier erstellte Liste vergrößert im Klassenraum aufzuhängen und sie – falls nötig – zu ergänzen.

Liste der regelmäßigen Verben im Präsens und Präteritum

answer answer**ed**	antworten antwortete	close close**d**	schließen schloss
arrive arrive**d**	ankommen kam an	collect collect**ed**	sammeln sammelte
ask ask**ed**	fragen fragte	compare compare**d**	vergleichen verglich
bake bake**d**	backen backte/buk	cook cook**ed**	kochen kochte
bang bang**ed**	zuknallen knallte zu	cry cr**ied**	weinen weinte
bark bark**ed**	bellen bellte	dance dance**d**	tanzen tanzte
call call**ed**	(an)rufen rief (an)	decide decide**d**	(sich) entscheiden entschied (sich)
carry carr**ied**	tragen trug	deliver deliver**ed**	liefern lieferte
change change**d**	wechseln wechselte	desire desire**d**	verlangen verlangte
check check**ed**	prüfen prüfte	drop dropp**ed**	fallenlassen ließ fallen
chew chew**ed**	kauen kaute	dry dr**ied**	trocknen trocknete
clean clean**ed**	säubern säuberte	end end**ed**	enden endete
climb climb**ed**	klettern kletterte	excuse excuse**d**	(sich) entschuldigen entschuldigte (sich)

fill fill**ed**	füllen füllte	learn learn**ed**	lernen lernte
finish finish**ed**	beenden beendete	lick lick**ed**	lecken leckte
fish fish**ed**	fischen fischte	like like**d**	mögen mochte
fry fr**ied**	braten briet	listen listen**ed**	zuhören hörte zu
grill grill**ed**	grillen grillte	live live**d**	leben, wohnen lebte, wohnte
happen happen**ed**	geschehen geschah	look look**ed**	schauen schaute
hate hate**d**	hassen hasste	love love**d**	lieben liebte
help help**ed**	helfen half	miss miss**ed**	vermissen, verpassen vermisste, verpasste
hope hope**d**	hoffen hoffte	move move**d**	(sich) bewegen bewegte (sich)
join join**ed**	beitreten trat bei	need need**ed**	brauchen brauchte
jump jump**ed**	springen sprang	notice notice**d**	bemerken bemerkte
kick kick**ed**	treten trat	open open**ed**	öffnen öffnete
land land**ed**	landen landete	order order**ed**	bestellen bestellte
laugh laugh**ed**	lachen lachte	organize organize**d**	veranstalten veranstaltete

paint paint**ed**	(an)malen, streichen malte (an), strich
park park**ed**	parken parkte
pass pass**ed**	vorbeigehen ging vorbei
plant plant**ed**	pflanzen pflanzte
play play**ed**	spielen spielte
point at point**ed** at	zeigen auf zeigte auf
practise practise**d**	üben übte
pray pray**ed**	beten betete
produce produce**d**	herstellen stellte her
promise promise**d**	versprechen versprach
pull pull**ed**	ziehen zog
push push**ed**	schieben schob
rain rain**ed**	regnen regnete
reach reach**ed**	reichen reichte
remember remember**ed**	(sich) erinnern erinnerte (sich)
repair repair**ed**	reparieren reparierte
roll roll**ed**	rollen rollte
save save**d**	retten rettete
shout shout**ed**	rufen rief
start start**ed**	anfangen fing an
stay stay**ed**	bleiben blieb
stop stopp**ed**	aufhören hörte auf
talk talk**ed**	reden redete
telephone telephone**d**	telefonieren telefonierte
train train**ed**	trainieren trainierte
travel travell**ed**	reisen reiste
try tr**ied**	versuchen versuchte
turn turn**ed**	drehen drehte

use use**d**	gebrauchen gebrauchte
visit visit**ed**	besuchen besuchte
wait wait**ed**	warten wartete
walk walk**ed**	spazieren spazierte
want want**ed**	wollen wollte
wash wash**ed**	waschen wusch
watch watch**ed**	beobachten beobachtete
wave wave**d**	winken winkte
wish wish**ed**	wünschen wünschte
work work**ed**	arbeiten arbeitete
worry worr**ied**	sich sorgen sorgte sich

...

Unregelmäßige Verben

Bei den unregelmäßigen Verben empfiehlt es sich, gleich **alle drei Formen zu lernen**, ob sie nun in den Texten vorkommen oder nicht, denn der entstehende Sprachrhythmus hilft beim Lernen sehr. Dennoch sollte man sich als Lehrer von vorneherein darauf einstellen, dass wir hier **ein Frustgebiet ohnegleichen** betreten. Nirgendwo sonst werden Schüler mit Lese-Recht-schreib-Schwäche so sehr mit ihren Speicher- und Differenzierungsschwächen konfrontiert wie gerade hier. Wir bewegen uns mit unseren Schülern auf einem Gebiet voll angsterregender Krokodile, das wir mit ganz besonderer Behutsamkeit und Sorgfalt und mit ganz viel Geduld betreten sollten.
Nehmen wir wieder den Blick des staunenden Anfängers ein, fällt auf, dass sich **die unregelmäßigen Verben in drei Kategorien einteilen lassen**: Da gibt es Verben mit drei gleichen Formen, solche mit zwei gleichen Formen (meistens ist hierbei die zweite und die dritte Form gleich, manchmal aber auch die erste und die dritte) und Verben mit drei **unterschiedlichen Formen** (bei ihnen ändert sich manchmal nur der Vokal, manchmal fast das ganze Wort). In der alphabetischen Wortliste der Englischbücher fällt dies zunächst gar nicht auf, dort scheint auf den ersten Blick die absolute Willkür zu herrschen. Wenn man anhand dieser Liste üben will, sollte man zumindest dort kennzeichnen, welcher Art das Verb ist (Einer-/Zweier-/Dreierkategorie), und in diesen Gruppen lernen lassen.
Sinnvoller und weitaus erfolgreicher ist es allerdings, mit **Karteikärtchen zu arbeiten**, am besten in **drei Farben**, z.B.:

- **rosa** für die einfachsten der Verben, bei denen alle Formen gleich sind,
- **orange** für alle Verben mit zwei verschiedenen Formen,
- **rot** für die schwierigsten Verben mit drei verschiedenen Formen.

Ob man für seine Schüler nur die Verben auswählt, die in dem speziellen Unterrichtswerk verwendet werden, oder die Liste erweitert, weil sich hierdurch im Doppelpack leichter zu lernende Reimpaare ergeben, ist sicher Ermessenssache. Ich entscheide mich für die zweite Variante, denn man braucht die Verben sicherlich irgendwann zu einem späteren Zeitpunkt.
Auf einem Kärtchen sind jeweils die zusammengestellt, die sich reimen oder die gut zusammen gelernt werden können. Mitunter gilt es darauf zu achten, dass sich hieraus **keine Probleme für die Rechtschreibung** ergeben und das **Problem der Ähnlichkeitshemmung vermieden** wird. In solchen Fällen beschrifte ich lieber eine weitere Karteikarte. Die Kopiervorlagen

gestalte ich jeweils so, dass man sie zu Kärtchen zusammenfalten und aufeinander kleben kann, zum Kopieren verwende ich die den Verben entsprechende Papierfarbe. Außerdem eignen sie sich zum Nach- bzw. Überschreiben, sodass die zu lernenden Verben sozusagen „aktiviert" werden können, wenn sie gerade als Vokabeln benötigt werden.

Man hat dann zugleich den Überblick, welche anderen Verben ähnlich geschrieben bzw. gesprochen werden.
Die Kärtchen können je nach Vokabelbedarf an die Schüler ausgegeben werden, ein bis zwei Kärtchen pro Woche sind ein gutes Maß, beginnend ab Klasse 6, zweites Halbjahr.

Beispiele für Verbkärtchen:

Kopierfarbe: rosa

hier knicken

		have/has	
cut	cut	cut	cut: schneiden, schnitt, geschnitten
shut	shut	shut	shut: schließen, schloss, geschlossen

		have/has	
hit	hit	hit	hit: schlagen, schlug, geschlagen
knit	knit	knit	knit: stricken, strickte, gestrickt
split	split	split	split: aufteilen, teilte auf, aufgeteilt

Kopierfarbe: orange

hier knicken

		have/has	
keep	kept	kept	keep: behalten, behielt, behalten
sleep	slept	slept	sleep: schlafen, schlief, geschlafen
weep	wept	wept	weep: weinen, weinte, geweint

		have/has	
find	found	found	find: finden, fand, gefunden
wind	wound	wound	wind: winden, wand, gewunden

Kopierfarbe: rot

hier knicken

		have/has	
blow	blew	blown	blow: blasen, blies, geblasen
grow	grew	grown	grow: wachsen, wuchs, gewachsen
know	knew	known	know: wissen, wusste, gewusst kennen, kannte, gekannt
throw	threw	thrown	throw: werfen, warf, geworfen

		have/has	
drive	drove	driven	drive: fahren, fuhr, gefahren
rise	rose	risen	rise: aufstehen, stand auf, aufgestanden sich erheben, erhob sich, hat sich erhoben

Die einmal gewählten Farben verwende ich auch beim selbst hergestellten Freiarbeitsmaterial. Zum Üben (laut Vorlesen) kann man das Ganze noch mit **passender Musik unterlegen**, kann sogar dazu **tanzen** oder sich **im Rhythmus durch das Klassenzimmer bewegen**. Sehr empfehlenswert ist auch die CD „Music for Learners: Just verbs 2" (siehe Literaturliste) – auch wenn die Verben hier nicht in der von mir favorisierten Weise geordnet sind.

Da Ihre Schüler vielleicht mit anderen Verben arbeiten, habe ich hier eine Liste mit allen einigermaßen gebräuchlichen unregelmäßigen Verben zusammengestellt, sinnvoll zum Lernen geordnet, sodass Sie auch für weniger gebräuchliche Verben einen Partner finden können.

Liste der unregelmäßigen Verben

Alle Formen gleich

cast, cast, cast	werfen
cost, cost, cost	kosten
put, put, put	setzen, stellen, legen
bet, bet, bet	wetten
let, let, let	lassen
set, set, set	setzen
shed, shed, shed	vergießen
hit, hit, hit	schlagen
knit, knit, knit	stricken
quit, quit, quit	aufgeben, verzichten auf, verlassen
slit, slit, slit	aufschlitzen
split, split, split	aufteilen
spread, spread, spread	verteilen
read* , read, read	lesen (*Aussprache!)
cut, cut, cut	schneiden
shut, shut, shut	schließen
burst, burst, burst	platzen
hurt, hurt, hurt	wehtun, verletzen

Zwei verschiedene Formen (erste und dritte gleich)

become, became, become	werden
come, came, come	kommen
run, ran, run	rennen

Zwei verschiedene Formen (zweite und dritte gleich)

lay, laid, laid	legen
pay, paid, paid	bezahlen
say, said, said	sagen
make, made, made	machen
hear, heard, heard	hören
have, had, had	haben
bend, bent, bent	biegen
lend, lent, lent	leihen
send, sent, sent	senden, schicken
spend, spent, spent	ausgeben, verwenden, verbringen
smell, smelt, smelt	riechen

Zwei verschiedene Formen (zweite und dritte gleich)

spell, spelt, spelt	buchstabieren
burn, burnt, burnt	(ver)brennen
build, built, built	bauen
deal, dealt, dealt	handeln
mean, meant, meant	meinen
bleed, bled, bled	bluten
breed, bred, bred	brüten
feed, fed, fed	füttern
flee, fled, fled	fliehen
meet, met, met	treffen
feel, felt, felt	fühlen
kneel, knelt, knelt	knien
creep, crept, crept	kriechen
keep, kept, kept	behalten
sleep, slept, slept	schlafen
sweep, swept, swept	wischen
weep, wept, wept	weinen
lead, led, led	leiten
cleave, cleft, cleft	spalten
leave, left, left	verlassen
lose, lost, lost	verlieren
shoot, shot, shot	schießen
shine, shone, shone	scheinen
hang, hung, hung	hängen
hold, held, held	halten
get, got, got	bekommen, werden
win, won, won	gewinnen
find, found, found	finden
wind, wound, wound	winden
sell, sold, sold	verkaufen
tell, told, told	erzählen
cling, clung, clung	festhalten, sich klammern
fling, flung, flung	werfen, schleudern
sting, stung, stung	stechen
string, strung, strung	spannen, binden
swing, swung, swung	schwingen, schaukeln
wring, wrung, wrung	wringen
dig, dug, dug	graben
stick, stuck, stuck	kleben, festhängen
strike, struck, struck	schlagen

Zwei verschiedene Formen (zweite und dritte gleich)

sit, sat, sat	sitzen
spit, spat, spat	spucken
light, lit, lit	anzünden, erleuchten
stand, stood, stood	stehen
buy, bought, bought	kaufen
bring, brought, brought	bringen
fight, fought, fought	kämpfen
seek, sought, sought	suchen
think, thought, thought	denken
catch, caught, caught	fangen
teach, taught, taught	lehren, unterrichten

Drei verschiedene Formen

mow, mowed, mown	mähen
show, showed, shown	zeigen
sow, sowed, sown	säen
slay, slayed, slain	erschlagen
lie, lay, lain	liegen
blow, blew, blown	blasen
grow, grew, grown	wachsen, anpflanzen
know, knew, known	wissen, kennen
throw, threw, thrown	werfen
fly, flew, flown	fliegen
draw, drew, drawn	zeichnen, ziehen
bear, bore, born	gebären
swear, swore, sworn	schwören
tear, tore, torn	(zer)reißen
wear, wore, worn	tragen
break, broke, broken	(zer)brechen
speak, spoke, spoken	sprechen
wake, woke, woken	wecken
choose, chose, chosen	auswählen
freeze, froze, frozen	(ein)frieren
weave, wove, woven	weben
forsake, forsook, forsaken	verlassen
shake, shook, shaken	schütteln

Drei verschiedene Formen

take, took, taken	nehmen, bringen
fall, fell, fallen	fallen
beat, beat, beaten	schlagen
eat, ate, eaten	essen
give, gave, given	geben
forgive, forgave, forgiven	vergeben
drive, drove, driven	fahren
arise, arose, arisen	sich erheben
rise, rose, risen	aufstehen
ride, rode, ridden	reiten
write, wrote, written	schreiben
bite, bit, bitten	beißen
hide, hid, hidden	verstecken
bid, bade, bidden	bitten
forbid, forbade, forbidden	verbieten
forget, forgot, forgotten	vergessen
begin, began, begun	beginnen
spin, span, spun	spinnen
swim, swam, swum	schwimmen
ring, rang, rung	klingeln, läuten
sing, sang, sung	singen
spring, sprang, sprung	springen
drink, drank, drunk	trinken
shrink, shrank, shrunk	schrumpfen
sink, sank, sunk	sinken
stink, stank, stunk	stinken
be, was /were, been	sein
see, saw, seen	sehen
do, did, done	tun
go, went, gone	gehen
...	

Grammatik: Tipps zur Organisation

Da viele LRS-Schüler große Probleme damit haben, Strukturen zu erkennen, eine Art inneres Raster für grammatische Sachverhalte zu entwickeln, und zudem noch große Mühe haben, Satzpatterns zu speichern, benötigen sie unsere besondere Unterstützung gerade in diesem Bereich. **Ich empfehle daher das Anlegen einer „aufbauenden Grammatik" in Heftform**, in der immer wieder nachgelesen und mit deren Hilfe sinnvoll geübt werden kann.

Die Hefteinträge erfolgen – als Tafelanschrieb –, wenn das betreffende Thema Unterrichtsgegenstand ist, auf der hierfür vorgesehenen Seite. Mit der Zeit entsteht so **eine gut geordnete Grammatik**, in der man in Zweifelsfällen nachschlagen kann, was unabdingbar für selbstständiges Arbeiten ist. Dass die Schüler die **Hefteinträge selbst vornehmen** (und nicht fertig kopierte Seiten erhalten), hat den Vorteil, dass **ausreichend Zeit zum Mitdenken** vorhanden ist. Zudem können Besonderheiten gut farbig hervorgehoben oder gegeneinander abgegrenzt werden. Es empfiehlt sich, für die „aufbauende Grammatik" ein DIN-A4-Doppelheft (liniert und ohne Rand) zu verwenden und von jedem Schüler zu Hause durchnummerieren zu lassen. Das Inhaltsverzeichnis wird als Kopie ausgeteilt und von jedem Schüler ins Deckblatt eingeklebt. Ab S. 46 können nach Bedarf weitere Themen eingetragen werden (siehe Abbildung auf der nächsten Seite).

An dieser Stelle noch ein **Hinweis zur Organisation**:

Viele LRS-Schüler haben enorme Ordnungsprobleme, die sie meist allein nicht in den Griff bekommen. **Eine einheitliche Farbe für jedes Fach** (bei uns ist es gelb für Englisch) **erleichtert die Sache beträchtlich**. Die besten Erfahrungen haben wir bisher mit folgender Kombination gemacht:

- → eine gelbe DIN-A4-Einlegemappe für alle Englischsachen, einschließlich Buch und Workbook
- → ein DIN-A4-Schreibheft mit gelbem Umschlag
- → ein DIN-A4-Doppelheft als Grammatikheft
- → ein DIN-A5-Doppel-Vokabelheft als Rechtschreibheft
- → ein gelber Schnellhefter für die Vokabelblätter

Einschließlich Workbook enthält die Einlegemappe also fünf Hefte plus Englischbuch. Das kann man sogar auf dem Umschlag vermerken, was das Durchchecken, ob auch alles da ist, erleichtert. Da alle diese Hefte von der 5. bis zur 7. Klasse und darüber hinaus verwendet werden, lohnt sich der zunächst (für ein einziges Fach) sehr groß erscheinende Materialbedarf. Aus Erfahrung möchte ich Ihnen den Tipp geben, **die Mappen am Schuljahresende einzusammeln** und über die Ferien in der Schule aufzubewahren.
Ob man noch ein Vokabelheft anlegt, ist Ermessenssache.
Bei der Arbeit mit vorgedruckten Vokabelblättern, anhand derer man gut üben kann, reicht es, die Vokabeln ins normale Englischheft zu übertragen.

Beispiel: Aufbauende Grammatik

Inhaltsverzeichnis

Beispiel: Aufbauende Grammatik

Inhaltsverzeichnis (Fortsetzung)

Leistungsbewertung bei LRS-Schülern

Wie kann eine faire und gerechte Leistungsbeurteilung im Fach Englisch bei einem LRS-Schüler aussehen?

Zunächst und vor allem möchte ich Ihnen Mut machen, **Ihre pädagogische Verantwortung** für die Ihnen anvertrauten jungen Menschen in die Waagschale zu werfen. Sie bewegen sich dabei auf weitaus weniger unsicherem Terrain, als Sie vielleicht zunächst denken. Wichtig ist allerdings, dass Sie Ihre Art der **Notenfindung offen legen**, vor allem vor Ihren Schülern und deren Eltern.

Genauso wichtig ist eine **enge Zusammenarbeit** und auch Abstimmung **mit Ihren in derselben Klasse unterrichtenden Kollegen**, insbesondere mit Ihrem Deutschkollegen.

Tipp:

Besorgen Sie sich den **LRS-Erlass Ihres Bundeslandes** und sehen Sie ihn sorgfältig durch.

Hier finden Sie Aussagen

- darüber, für wen der Erlass zutrifft (nur überprüfte Schüler oder auch andere?);
- über Art und Umfang von Fördermaßnahmen, auf die Ihre Schüler Anspruch haben;
- über die Berücksichtigung einer Lese-Rechtschreib-Schwäche bei Leistungsmessungen, besonders im Fach Deutsch;
- über die Berücksichtigung einer Lese-Rechtschreib-Schwäche in anderen Fächern, insbesondere auch in den Fremdsprachen.

Diesen Erlass erhalten Sie, falls er an Ihrer Schule nicht verfügbar sein sollte, auf Anfrage bei Ihrem **Landesverband für Legasthenie** (siehe Adressenliste im Anhang).

Ich möchte Sie aber an dieser Stelle zunächst einmal ermuntern, ein bisschen **über den Begriff „Leistung" nachzudenken**.

Für einen Schüler, der nicht in der Lage ist, trotz oder mangels besonderer Förderung selbst so häufig benutzte Wörter wie „in", „wir", „und" und „hat" usw. normgerecht zu schreiben, kann es eine hervorragende Leistung sein, die Hälfte aller innerhalb einer Woche zu lernenden Vokabeln fehlerfrei aufzuschreiben, während Sie einem anderen Schüler ohne Lese-Rechtschreib-Schwäche oder sonstige große Probleme bei gleichem Ergebnis freundlich, aber bestimmt, anraten würden, sich auf den Hosenboden zu setzen und die Vokabeln sorgfältiger zu lernen.
Ich betone noch einmal, dass diese unterschiedlichen Lernvoraussetzungen nichts mit unterschiedlicher Intelligenz zu tun haben müssen.

Aus meiner Sicht sollte ein Schüler seiner Note entnehmen können, wie gut er gearbeitet hat. Daher plädiere ich ganz grundsätzlich, insbesondere aber bei LRS-Schülern, für eine individuelle, fachlich und pädagogisch begründete Notenbildung, die auch den unterschiedlichen Lernvoraussetzungen Rechnung trägt.

Ich mache gute Erfahrungen damit, **meine** Schüler hier von Anfang an **einzubeziehen**, sowohl was ihre Leistungsfähigkeit und Leistungsbereitschaft betrifft als auch die Beurteilung einer gezeigten Leistung. Hinsichtlich der Leistungsfähigkeit ist es oft angezeigt, einem LRS-Schüler zu vermitteln, dass sein eigenes Urteil *„Ich kann das sowieso alles nicht!"* so nicht zutrifft. Stattdessen sollte man ihn anleiten, **zwischen den Bereichen zu unterscheiden**, die ihm besonders schwer fallen und in denen er neben kontinuierlicher, intensiver Weiterarbeit auch viel Geduld mit sich selbst braucht, **und den Bereichen, in denen er keine besonderen Schwierigkeiten hat** und gute Leistungen zeigen kann, was man dort auch von ihm erwartet.
Mit der Beurteilung ihrer eigenen Arbeit gehen meine Schüler, sobald sie mich etwas kennen, in aller Regel sehr freimütig und ehrlich um. Daher kann ich zumeist erst mal ihr eigenes Urteil abwarten, bevor ich mich äußere. Und nicht selten gehen sie mit sich selbst weitaus strenger um als ich, die ich ja auch den Vergleich zu anderen Schülern habe.

Wie aber kommt man nun möglichst rasch und treffsicher zu einer **Ermittlung der Lernvoraussetzungen und auch des Leistungsvermögens** in einer Schulklasse mit 25 bis 30 Schülern?
Einige Beobachtungen kann man sicher im Unterricht mit der gesamten Klasse zusammentragen, wenn man es sich zur Regel macht, **Auffälligkeiten auf einem gesonderten Beobachtungsbogen stichwortartig** zu notieren.

Weitaus besser eignen sich aber die **freien Arbeitsstunden**, sobald die Arbeit hier ohne Ihre Hilfe reibungslos läuft. In diesen Stunden können Sie sich reihum Zeit für jeden einzelnen Schüler nehmen.
So können Sie – sozusagen als Standortbeschreibung – in gewissen Zeitabständen **kurze, unbenotete, quasi diagnostische Leseproben** durchführen. Vervielfältigen Sie dazu einen kleinen, zum Lehrstoff passenden, englischen Text und bitten Sie die Schüler einzeln darum, Ihnen diesen Text leise vorzulesen. Statt mündlicher Korrektur markieren Sie (nicht mit rot!) auf einer mit dem Namen des Schülers versehenen Kopie genau, an welcher Stelle Lesefehler auftreten und auch, was Ihnen sonst noch auffällt (z.B. Wechsel der Leserichtung, Erraten von Wörtern, Auslassungen, Übersehen von Satzzeichen …).
In einem kleinen Gespräch sollten Sie **Ihren Schülern kurz Ihre Beobachtungen mitteilen** und dabei nicht vergessen, sie auf das aufmerksam zu machen, was schon gut klappt.
Anschließend können Sie den Text – falls nötig – noch einmal korrigierend mit Ihren Schülern durchlesen und ihnen Tipps zum Weiterüben geben. Manche LRS-Schüler sind übrigens weitaus erfolgreicher beim Lesen, wenn der Text etwas vergrößert wird und der **Lesepfeil**, zumindest aber der „Lesefinger" zum Einsatz kommt.

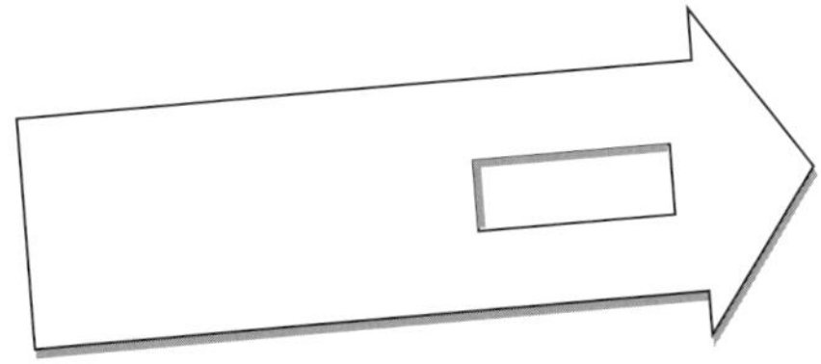

Abb. des Lesepfeils entnommen aus „Besser Englisch lernen trotz Lese-Rechtschreib-Schwäche", Verlag an der Ruhr 2002, ISBN 3-86072-748-6

Länger als fünf Minuten benötigen Sie für all dies nicht.

In ähnlicher Weise lassen sich Nachsprechübungen, mündliche Vokabelabfragen, kleine Übersetzungen, englische Frage-/Antwort-dialoge usw. gestalten.

Den meisten tut diese Zeit Ihrer ungeteilten Aufmerksamkeit von Anfang an auffallend gut, zumal sich keiner vor der Klasse bloßgestellt fühlt.
Sie werden sicher von Zeit zu Zeit außer den Vokabeltests auch andere schriftliche Lernkontrollen in Form von umfangreicheren Tests durchführen. Die englischen Unterrichtswerke machen Vorschläge hierfür oder bieten Testhefte an. Für LRS-Schüler stellen diese Tests zumeist eine enorme psychische Belastung dar. Sie scheitern an der Testatmosphäre, dem Zeitdruck und der Vielseitigkeit der gestellten Aufgaben. Lückentexte fallen oft besonders schwer. Häufig werden auch die

Arbeitsaufträge in der Aufregung nicht verstanden – erst recht nicht, wenn sie nur auf Englisch formuliert sind.

Rechtliche Grundlagen

Ich habe Sie bereits auf den LRS-Erlass Ihres Bundeslandes aufmerksam gemacht.
Die folgenden Auszüge sind dem Erlass Baden-Württembergs entnommen, veröffentlicht im K.u.U. Nr. 1 vom 12. Januar 1998.

Dort ist die Rede von einer *„angemessenen Berücksichtigung"* einer Lese-Rechtschreib-Schwäche *„in allen Fächern und insbesondere in den Fremdsprachen"* (Abs. 3.2).

Bezüglich der Leistungsfeststellung und Leistungsbeurteilung für Schüler, bei denen eine Lese-Rechtschreib-Schwäche festgestellt wurde, führt er weiter aus:

- → *„Bei einer schriftlichen Arbeit (...) kann der Lehrer im Einzelfall eine andere Aufgabe stellen, die eher geeignet ist, einen individuellen Lernfortschritt zu dokumentieren, im Einzelfall kann auch mehr Zeit zur Erfüllung der Aufgabe eingeräumt werden oder der Umfang der Arbeit begrenzt werden.*
- → *Außer bei Nachschriften sind die Rechtschreibleistungen nicht in die Beurteilung von Arbeiten einzubeziehen (...)." (Abs. 4.1)*

Es spricht also nichts dagegen, für einen LRS-Schüler z.B. einen Lückentext als Ausschneideblatt, ein Diktat als Lückendiktat mit geübten Wörtern zu gestalten oder die **Vielseitigkeit der Aufgabenstellung auf Bereiche zu begrenzen, die Ihre Schüler ausführlich üben konnten, bzw. sie überhaupt auf ein überschaubares Maß zu beschränken**.
Auch können Sie sehr fantasiereiche Schreibweisen, die Sie, laut gelesen, als korrektes englisches Wort wiedererkennen können, als richtig werten.

Ich möchte Ihnen hier abschließend noch einige Anregungen dafür geben, was Sie – insbesondere bei LRS-Schülern – noch zur Leistungsfindung und -beurteilung hinzuziehen können:

Lesen und Sprechen:

- → Aussprache, besonders bei th, wh, v, r
- → Erkennen und die korrekte Aussprache geübter Lautkombinationen in geübten Wörtern
- → Übertragen geübter Lautkombinationen auf unbekannte Wörter (Reimwörter), Entwickeln einer „inneren Hörerwartung"
- → Erfassen englischer Kurzformen, sie in lange Formen umwandeln können und umgekehrt
- → Aufforderungen in Englisch verstehen und ausführen können

- Fragen auf Englisch verstehen und beantworten können (auf Deutsch oder Englisch)
- Texte verstehen, den Inhalt auf Deutsch wiedergeben können
- Texte verstehen, auf Englisch nacherzählen können
- Von eigenen Erlebnissen auf Englisch erzählen oder Fragen dazu beantworten können
- Wörter, geübte Texte vorlesen: lautgetreu/mit korrekter Aussprache/mit korrekter Intonation
- Unbekannte Texte mit bekannten Wörtern, unbekannte Texte mit unbekannten, aber erlesbaren neuen Wörtern (Reimwörtern) vorlesen
- Auswendiglernen von: Begrüßungs-/Abschiedsformen, Sprechanlässen, Satzpatterns, Reimen, Gedichten, kleinen Texten, Dialogen, darstellenden Spielen, Sketchen usw.
- Im Wechsel Dialoge vorlesen
- Reime, Gedichte vorlesen

Schreiben:

- Korrektes Abschreiben
- Einsetzübungen, Sätze vervollständigen
- Heftführung und Heftgestaltung (Übersichtlichkeit/Gliederung/Lesbarkeit/Vollständigkeit/Art der Fehlerverbesserung/optische Gestaltung)
- Führen eines Grammatikheftes (Richtigkeit/Gliederung/Vollständigkeit/optische Gestaltung)
- Führen eines Rechtschreibheftes (s.o.)
- Vollständigkeit und Lesbarkeit der im Workbook erarbeiteten Übungen

Übersetzungen:

- Englisch-Deutsch: Wort-für-Wort-Übersetzung/korrekte Übersetzung/freie Übersetzung
- Deutsch-Englisch: Wort-für-Wort-Übersetzung/korrekte Wortstellung/Beachten der Verbbildung und der Zeiten
- Vokabelkenntnis, Wortfelder

Arbeiten:

- Umgang mit Freiarbeitsmaterial
- bestimmungsgemäßes Arbeiten
- Einhalten der vereinbarten „Spielregeln"
- Überprüfen der Ergebnisse, Fehlerkorrektur
- Ausfüllen des Freiarbeitsprotokolls
- ruhiges und selbstständiges Arbeiten
- Zusammenarbeit mit anderen

Kontaktadressen

Landesverbände Legasthenie

Landesverband Baden-Württemberg
1. Vorsitzende: Ina Maria Lienhart
Alemannenstr. 1c
79312 Emmendingen
Tel./Fax: 0 76 41/4 83 24
www.legasthenie-lvl-bw.de
I.Lienhardt@gmx.de

Landesverband Bayern
Geschäftsstelle: Daniela Glogger
Klessingweg 4
80997 München
Tel.: 0700/88 82 20 00
Fax: 089/14 72 77 94
www.legasthenie-bayern.de
info@legasthenie-bayern.de

Landesverband Berlin
Vorsitzende: Christel Hanke
Dambockstr. 72
13503 Berlin
Tel./Fax: 030/43 66 63 33
www.lvl-berlin.de
kontakt@lvl-berlin.de

Landesverband Brandenburg
Vorsitzende: Dr. Simone Hesse
Zernsdorfer Str. 63
15711 Neue Mühle
Tel.: 0 33 75/21 18 94
Fax: 0 33 75/50 47 03
www.lv-legasthenie-brandenburg.de
dr.s.hesse@web.de

Landesverband Bremen
Kontaktadresse: Markus Metheja
Riensberger Str. 32a
28213 Bremen
Tel.: 0421/217643
markus.matheja@nexgo.de

Landesverband Hamburg
Geschäftsstelle: Christel Carnevale
Boltwischen 6
22143 Hamburg
Tel.: 040/69 50 825
(tägl. 15–17 Uhr)
Fax: 040/678 63 00
christel@carnevale.ws

Landesverband Hessen
Geschäftsstelle: Jutta Mieke
Bahnhofstr. 15
36391 Sinntal
Tel.: 0 66 64/91 16 77
Fax: 0 66 64/91 15 22
www.lvl-hessen.de
info@lvl-hessen.de

Landesverband Mecklenburg-Vorpommern
Vorsitzende: Elke Krug
Birnenweg 13
17489 Greifswald
Tel.: 0 38 34/82 30 30
www.lv-legasthenie-mv.de
lv.legasthenie.mv@freenet.de

Kontaktadressen

Landesverband Niedersachsen
Geschäftsstelle: Helga Landwehr
Bussardstr. 4a
49377 Vechta
Tel.: 04441/909894
www.legasthenie-verband.de
gs@legasthenie-verband.de

Landesverband Nordrhein-Westfalen
Kontaktadresse: Anne Naber
Stoppenbergstr. 92
46483 Wesel
Fax: 0281/16499924
www.lvl-nrw.org
lvl-mail@freenet.de

Landesverband Rheinland-Pfalz
Vorsitzende: Renate Jarosch
Gutenbergstr. 5
56179 Vallendar
Tel.: 0261/62458

Landesverband Saarland
Vorsitzende: Brigitte Klos-Bollbach
St. Annenstr. 18
66606 St. Wendel
Tel.: 06851/82634
Fax: 06851/82154
www.lvls.de
info@lvls.de

Landesverband Sachsen
Vorsitzende: Stefanie Hentschel
Freischützstr. 38
01259 Dresden
Tel.: 0351/2039062
www.legasthenie-sachsen.de

Landesverband Sachsen-Anhalt
Vorsitzende: Stefanie Hebarth
Markt 3
06246 Bad Lauchstedt
Tel.: 0346/3522093
(Mi. 18–20 Uhr)

Landesverband Schleswig-Holstein
Vorsitzende: Anke Eggers
Barkauer Str. 29
24220 Schönhorst
Tel.: 04347/909437
Fax: 04347/909435
www.lvl-sh.de
info@lvl-sh.de

Landesverband Thüringen
Landesbeauftragte:
Christine Sczygiel
Beratung beim BVL unter:
Tel.: 0700/31873811
beratung@bvl-legasthenie.de

Literatur und Links

Empfehlungen für Lehrer:

Dummer-Smoch, L.: **Mit Phantasie und Fehlerpflaster**. Hilfen für Eltern und Lehrer legasthenischer Kinder. Reinhard Verlag. 4. aktualisierte Aufl. 2002. ISBN 978-3-497-01602-0

Fenske, P.: **Das kleine Buch vom Lernen**. AOL Verlag 2002. ISBN 978-3-89312-411-4

Findeisen, K.: **Lesen lernen durch lauttreue Lesübungen**. Winkler 2000. ISBN 978-3-930083-49-7

Kremer, B.: **Englisch lernen - mal ganz anders**. Ein individuell gestaltbares Übungsprogramm (Klasse 5 bis 7) - nicht nur für Legastheniker. Erhältlich bei: Brigitte Kremer, Fehrmarnwinkel, 24107 Suchsdorf

Sellin, K.: **Wenn Kinder mit Legasthenie Fremdsprachen lernen**. Reinhardt 2004.

Aus der Reihe ***„Beginner Books"****, Random House, Inc., New York, sind für Schüler besonders geeignet:*

→ Dr. Seuss's ABC.
→ Hop on Pop.
→ Green Eggs and Ham.
→ The Cat in the Hat.
→ The Cat in the Hat comes back.

Zwei CDs helfen beim Auswendiglernen der unregelmäßigen Verben:

→ Davids, B.: Just verbs 1. Music for learners. Hubertus Verlag. 1997
→ Davids, B.: Just verbs 2. Music for learners. Hubertus Verlag. 1999

Informative Links:

www.lrs.de
Fördermöglichkeiten bei diagnostizierter LRS

www.legasthenie.net
Seite des Bundesverbandes Legasthenie

www.lernfoerderung.de
Infos zu Lernstörungen allgemein, bezogen auf Schule

www.foerderschule-sprungtuch.de
Beratungsangebote, Fortbildungsveranstaltungen

www.legasthenie-software.de
Spezielle Lernsoftware für LRS-Schüler

Verlag an der Ruhr

Alexanderstraße 54
45472 Mülheim an der Ruhr

Telefon 05 21 / 97 19 330
Fax 05 21 / 97 19 137

bestellung@cvk.de
www.verlagruhr.de

Es gelten die Preise auf unserer Internetseite.

■ Foto-Kartei Sprachunterricht

40 Bildimpulse fürs Sprechen, Schreiben und szenische Spiel
Redaktionsteam Verlag an der Ruhr
Kl. 5–10, Spiralb. (40 farbige Karten, A5 quer, perforiert + 30-seitiges Belgleitmaterial)
ISBN 978-3-8346-0513-9
Best.-Nr. 60513
19,80 € (D)/20,35 € (A)/34,70 CHF

■ Aufsätze konkret

Tipps und Schreibanleitungen vom Unfallbericht bis zum Zeitungsartikel
Alexandra Piel
Kl. 7–11, 129 S., A4, Paperback
ISBN 978-3-8346-0457-6
Best.-Nr. 60457
19,80 € (D)/20,35 € (A)/34,70 CHF

So geht das!

■ Aufsatzkorrekturen fair und transparent

Checklisten und Beurteilungshilfen
Franz-Josef Scheidhammer
Kl. 5–10, 97 S., A4, Paperback mit CD-ROM
ISBN 978-3-8346-0328-9
Best.-Nr. 60328
19,80 € (D)/20,35 € (A)/34,70 CHF

■ „Hab ich voll verpeilt, Alter!"

Alltagskommunikation trainieren mit Jugendlichen
Ilsabé Waldenmaier
13–18 J., 120 S., A4, Paperback
ISBN 978-3-8346-0499-6
Best.-Nr. 60499
20,50 € (D)/21,10 € (A)/35,90 CHF

Kommunikation • Textproduktion • Beurteilung

Verlag an der Ruhr

Alexanderstraße 54
45472 Mülheim an der Ruhr

Telefon 05 21 / 97 19 330
Fax 05 21 / 97 19 137

bestellung@cvk.de
www.verlagruhr.de

Es gelten die Preise auf unserer Internetseite.

Schnelles Eingreifen bei Mobbing
Strategien für die Praxis
Wolfgang Kindler
Für alle Schulstufen, 128 S., 16 x 23 cm, Paperback
ISBN 978-3-8346-0450-7
Best.-Nr. 60450
14,80 € (D)/15,20 € (A)/26,10 CHF

Lernen mit Projekten
In der Gruppe planen, durchführen, präsentieren
Kerstin Klein
Kl. 5-13, 156 S., 16 x 23 cm, Paperback, zweifarbig, mit CD-ROM
ISBN 978-3-8346-0440-8
Best.-Nr. 60440
17,80 € (D)/18,30 € (A)/31,20 CHF

Lerncoaching
Vom Wissensvermittler zum Lernbegleiter. Grundlagen und Praxishilfen.
Michele Eschelmüller
Für alle Schulstufen, 140 S., 16 x 23 cm, Paperback, zweifarbig
ISBN 978-3-8346-0393-7
Best.-Nr. 60393
17,80 € (D)/18,30 € (A)

Wenn Sanktionen nötig werden: Schulstrafen
Warum, wann und wie?
Wolfgang Kindler
Kl. 5-13, 157 S., 16 x 23 cm, Paperback
ISBN 978-3-8346-0324-1
Best.-Nr. 60324
17,80 € (D)/18,30 € (A)/31,20 CHF

Strategien • Tipps • Praxishilfen